SUITE,

POUR

LES SIEURS

ET

DEMOISELLE

CALAS.

A TOULOUSE,

Chez la Veuve J. P. ROBERT,
Imprimeur-Libraire, Rue S.
Urſule, à S. Thomas.

M. DCC. LXII.

SUITE

Pour *les Sieurs & Demoiselle* CALAS.

L'EQUITÉ n'est pas tout-à-fait éteinte dans les cœurs : les Exposans en font l'épreuve : De l'aveu de tous ceux qui ont lu leur Mémoire, si l'affaire est telle qu'elle est exposée dans cet Ecrit, ils sont innocens : seulement, les uns plus tranchans, ont cru sans hésiter, que cette exposition étoit exacte. C'est un effet de la noblesse de leur ame. C'est aussi une preuve de leur bon esprit. Il est aisé de discerner une Histoire sincere d'avec un Roman. Les autres plus circonspects, n'ont pas osé se décider à cet égard : ils n'ont pas été si timides quand il a été question de croire les Exposans coupables. L'ame n'est-elle donc lente que pour la vertu, & ne sçait-elle douter que quand il s'agit de penser le bien? Mais les Exposans sont aussi satisfaits de l'un de ces Jugemens, que de l'autre, parce qu'ils se répondent que leur Ecrit est exact.

Tel est donc aujourd'hui le jugement du Public. Les Confesseurs avoient, il est vrai, ouvert la voie : On tient de deux des plus célèbres, qu'aucun n'a absous ses Pénitens qu'après les avoir obligés de renoncer au jugement qu'ils avoient porté sur les Exposans. Ainsi les Ministres de l'Autel gémissoient devant le

A 2

Seigneur à la vûe de l'égarement de son Peuple, & intercédoient pour Israel, qui ne croyoit pas dans cet événement funeste, qu'il étoit celui qui devoit être pleuré avec le plus de larmes.

Un reste de l'ancien esprit s'est déclaré seulement dans quelques-uns : En reconnoissant qu'ils sont persuadés, & gémissant en apparence sur le sort des Exposans, ils sont, disent-ils, bien à plaindre : & sur quoi ? C'est que l'Arrêt qui a été rendu fait obstacle à ce qu'ils soient relaxés.

Quoi ! un Arrêt qui a déclaré que les Exposans n'étoient pas convaincus, fait obstacle à leur relaxe ? On distingue, disent ces Doctes, " entre le plus amplement informé, & un Arrêt portant que l'inquisition » commencée sera continuée ». Où se trouve cette belle distinction ? " C'est, répond-on, une règle de la Tournelle ,,. Où se trouve pareillement cette règle? elle seroit bien singulière ! Le plus amplement informé n'est-il pas une continuation d'inquisition, comme la continuation d'inquisition est un plus amplement informé ? Comment donc deux expressions qui présentent un même sens, auroient - elles des effets si différens ? " Ordonner, dit-on, que l'inquisition commen-»cée sera continuée, suppose un commencement d'in-»quisition qui subsiste ». Mais ordonner qu'il sera plus amplement informé, ne suppose - t - il pas de même une information première qui subsiste ? Oui, il y a déja dans l'un & l'autre une Procédure, mais estimée insuffisante par le Juge.

Faut- il remarquer que suivant le Droit & suivant les Interprêtes, les Jugemens interlocutoires ne lient pas les Juges. La Loi y est formelle. La Doctrine des Interprêtes ne l'est pas moins. Ils donnent pour raison que le Juge est le maître de se réformer, tant que son Office n'est pas terminé. Quand il en seroit usé autrement parmi nous dans les matières civiles, cela ne ti-

feroit pas à conféquence pour les matières criminelles;
& la régle de la Loi y devroit avoir lieu , parce qu'il
n'y a point de fins de non-recevoir contre l'innocence.
Mais adoptons au contraire que les Interlocutoires
lient ; c'eft par cette raifon précifément que les Expofans ont droit de prétendre d'être déchargés en exécu-
tion de l'Arrêt en queftion, puifqu'il a été préjugé par
cet Arrêt qu'il falloit de nouvelles charges pour les
condamner.

Un Arrêt de condamnation définitive feroit retracté,
fi on étoit convaincu que les Prévenus qui ont été condamnés étoient innocens : & un Juge qui feroit convaincu de l'innocence, ne croiroit pas pouvoir relaxer,
par la raifon qu'il a été jugé par un premier Arrêt,
qu'il n'y avoit pas des preuves fuffifantes ! C'eft infulter
à la raifon que de parler ainfi.

Quelques endroits du Mémoire ont befoin d'être re-
touchés.

On lit page 102 : 3°. " Admettre les Expofans à
» prouver que le 13 Octobre, à 6 heures du foir , &c.
il faut lire, *vers cinq heures* du foir ; & un peu avant
cinq heures.

On lit au même nombre que le même jour « un
» Bourgeois de cette Ville , ami du Sieur Calas, étant
» entré dans fa Boutique, le Sieur Calas l'invita à fou-
» per, & lui dit qu'il devoit aller le lendemain cher-
» cher fes filles qui étoient chez le Sr. Teyffier ; que fa
» jeuneffe feroit de la partie, & qu'il l'invita de venir
» avec eux». Lifez que le Sr. Calas dit au Bourgeois
que fes filles étoient chez le Sr. Teyffier, qu'il lui pro-
pofa d'aller paffer avec elles la journée du Dimanche fuivant ; qu'il ameneroit fa femme ; que lui ame-
nât la fienne, & que fa jeuneffe feroit du voyage ;
que ce Bourgeois accepta la partie. Lorfque le dé-
fenfeur traça cet endroit de fon Ecrit, il avoit égaré
le papier fur lequel ce fait avoit été couché, & fa
mémoire le trompa.

On lit, page 26, 4°. « Après avoir parcouru la
„ partie antérieure du cou, l'impreſſion de la corde
„ remonte le *long* des oreilles, d'où elle aboutit au
ſommet de la tête ; liſez remonte à *côté* des oreilles,
d'où elle aboutit à la partie *ultérieure* de la tête, à
l'occiput. La Cour qui connoît le rapport qui a été
fait de l'état du Cadavre, auroit bien ſçu ce qu'on
vouloit lui dire ; c'étoit un défaut d'expreſſion, parce
qu'il eſt difficile d'être exact en parlant la langue d'un
Art qu'on n'exerce pas.

Page 39 : La Demoiſelle Pouchelon eſt aſſociée à la
Servante & à l'imprudent garçon Paſſementier, qui
ont prétendu avoir oui crier, au voleur, on m'aſſaſine,
on m'étrangle : elle mérite qu'il lui ſoit fait réparation,
tant elle a nié affirmativemant d'avoir tenu ce propos ; tant elle a été vivement affligée qu'on le lui ait
imputé ; & tant ſa fille de ſervice, qui a été ouie dans
la continuation d'Inquiſition, a aſſuré que ſa Maitreſſe
n'avoit rien dit de pareil. Par là douleur honorable
pour elle, que la Demoiſelle Pouchelon a reſſenti à
cette occaſion, on juge combien elle ſe croiroit criminelle ſi elle avoit cette faute à ſe reprocher : il eſt vrai
qu'il ne falloit pas qu'une auſſi honnête perſonne, la
proche voiſine des Expoſans, vînt non plus dépoſer
qu'elle avoit oui-dire le 14 “ que Marc-Antoine Ca-
„ las devoit faire abjuration ce jour-là, & que ſes pa-
„ rens l'avoient tué apparement par cette raiſon, :
ſon Directeur lui auroit répondu, ſi elle l'avoit con-
ſulté ; qu'un Monitoire n'oblige pas d'aller conter à la
Juſtice des oui-dire vagues, & les propos d'une ru-
meur imprudente ; de cette manière il ne reſte pour
les mots au voleur, on m'aſſaſſine, on m'étrangle,
que cette Servante bien fermée au ſecond étage de ſa
maiſon, & qui étoit actuellement occupée à coucher
un enfant, & ce Popis, garçon Paſſementier, à côté
duquel ſon camarade entendit ſimplement la *voix de*

Pierre Calas, qui se précipitoit de la boutique dans le courroir, à la vue de son frere mort, pour aller appeller son Père ; on verra ce même Popis jouer un rôle bien effroyable dans la continuation d'inquisition.

Il est dit page 42, que non-seulement le Juge peut ne pas en croire aux Témoins, mais que souvent il le doit ; les Exposans ont cité l'Orateur Romain & la Loi : c'est aussi la Doctrine des Auteurs ; " encore, dit l'un d'eux, qui cite Barthole & Balde, " que des „ Témoins soient diserts & formels, le Juge peut ne „ pas leur ajouter foi, si cela lui paroit convenable(a).

Une note de la page 102, porte qu'il n'est point ajouté foi aux Témoins les plus affirmatifs qui déposent de choses *non vraisemblables* ; cela est assés important pour mériter d'être traité : un texte formel établit cette vérité: " parce qu'il n'est pas vraisemblable, est-il dit dans ce texte, que, &c. gardez-vous „d'en admettre la preuve (b),„ C'est aussi la Doctrine universelle des Auteurs (c) ; un d'eux dit nettement, *remotum à verisimili est quædam falsitatis imago (d).* Dans quelle Procédure y eût-il plus lieu de faire usage de cette regle ?

Quand donc la Servante de Ducassou & le Sieur Popis diront à la Cour qu'une voix, partie d'un rès-de-chaussée bien fermé, s'est faite entendre distinc-

(a) Alexandre, Lib. 7, Cons; 2, N. 12 : *Quamvis testes secundùm verba viderentur probare, tamen potest Judex, si sibi videtur non adhibere fidem.*

(b) Cap. 10, extr. de *præs. quia verisimile non est quod &c. provideas ne super hoc probationem recipias.*

(c) *Non est credendum Testibus non verisimilia deponentibus,* Tiraqueau, de Pæn. N. 107, où il cite divers Docteurs. *Testimonium quod veris similitudine caret suspectum est, nec ad plenam probationem est recipiendum.* Alexandre, Liv. 7, Cons. 2, N. 11, *in fine.*

(d) Balde, sur la Loi 1, C. de serv. fug. N. 16.

tement à l'autre côté de rue, dans une chambre au second étage, bien fermée aussi, ou d'une fenêtre du second étage.

Quand d'autres voudront faire entendre que Marc-Antoine Calas étoit converti, tandis que personne ne l'a instruit ni l'a confessé; que disposé pour prendre la licence, il a été hors d'état de faire cesser l'obstacle que lui faisoit son Curé sur ce qu'il étoit né d'une Maison Protestante; tandis qu'il ne s'est trouvé parmi ses papiers & ses Livres, ni des Heures Catholiques, ni ni un Crucifix, ni un Chapelet, ni rien qui eut rapport à la Religion Catholique; & qu'il est prouvé au-contraire, & qu'on offre de le prouver encore, qu'il a assisté aux Assemblées Protestantes, qu'il y a tenu un enfant à Baptême.

Lorsque la Dolmiere supposera que Marc-Antoine Calas lui a dit, je dois faire demain ma première Communion; si on le sçavoit je serois.....

Quand une vieille femme dira que pour avoir nourri un mois & demi Marc-Antoine Calas, il la reconnoissoit pour sa nourrice; qu'il l'appelloit de ce doux nom, & lui supposoit assés de droit dans une Maison qui l'avoit rejettée pour témoigner d'être surpris de ce qu'elle n'y venoit pas manger la soupe (e).

Quand l'associée de la d'Anduse prétendra que le Sieur Calas maltraitoit son fils, & le menaçoit barbarement à la vue du Public. (f) Que le Sieur Bergerot supposera avoir saisi, en passant rapidement devant une Boutique, une conversation qui se faisoit dans

(e) On pose en fait que cette femme n'avoit jamais paru dans la maison, depuis que l'enfant lui eut été retiré.

(f) Cette femme a reconnu à la confrontation, le Sieur Calas pour honnête-homme. Il est donc faux qu'il ait fait à son fils ce traitement & cette menace. Un honnête-homme ne met pas la main sur son fils en public: un honnête-homme ne menace pas son fils de l'assassiner.

cette Boutique, & la manière dont étoit vêtu celui avec qui le Sieur Calas s'entretenoit (g).

Lorsque Caseres fera tenir à Pierre Calas le discours imbécile que l'on sçait.

Lorsque quelqu'autre supposera que Louis Calas a été assez extravagant & assez dénaturé pour répandre qu'il avoit à craindre que son père le tuât.

Enfin lorsque la Peyronet & son Associée voudront faire croire que Pierre Calas supposa, en sortant de la maison, un faux genre de mort, tandis que le Sieur Lavaysse & lui faisoient au moment même des démarches qui alloient manifester de quelle manière Marc-Antoine Calas étoit mort.

Outre tant d'autres objets qui s'élèvent contre ces dépositions, la Cour dira avec indignation à ces Témoins : Vos discours choquent toute vraisemblance ! cela seul vous rend indignes de foi, & suspects de fausseté : *Testibus non verisimilia deponentibus non creditur; remotum à verisimili est falsitatis imago.*

Il est dit page 91, que des indices font relaxer les Prévenus, lors même qu'il y a contre eux des témoignages formels : C'est un privilège de l'innocence, toujours favorable ; Des indices ne peuvent pas faire condamner, & ils peuvent faire absoudre. Cela a été prouvé par une Autorité grave. Tant d'autres avoient établi déja cette maxime, soit dans l'antiquité, soit

(g) Il auroit fallu pour tout cela qu'il se fût arrêté. Comment dans l'espace de trois pas, saisir un monologue, quelque court qu'il soit ? Le Sieur Calas auroit-il proféré cela de façon à être entendu des passans ?

Il est au reste évident que ce qu'a dit l'Associée de la d'Anduse, que deux personnes étoient venues la prier, deux jours après le 13, d'aller avec eux, qu'on lui enverroit des Porteurs, ne mérite aucune attention, puisqu'elle ne dit pas que ce fût pour la malheureuse avanture de Marc-Antoine Calas.

B

parmi nous. Mornac (*h*) mérite sur-tout d'être lu sur ce sujet. Il se distingue, dit-il, deux sortes d'indices : les uns qui n'en ont que le nom, consistent dans une vérité physique ; par exemple, il est jour, donc le Soleil luit : une fille a mis un enfant au monde, donc elle a du lait. Les autres consistent en des simples circonstances ; des argumens qui remuent l'esprit : que les indices de la première espèce l'emportent sur des Témoins qui diroient le contraire ; cela n'est pas étonnant, puisque ce sont des vérités physiques. Mais il en est de même, dit-il, de ceux de la seconde : il faut en croire davantage à ces signes (*i*), ces circonstances, ces argumens, qu'aux dépositions des Témoins. Mornac cite l'Orateur Romain, qui le dit en effet (κ) en propres termes, & qui donne pour raison, que ces circonstances ne dépendant pas du caprice des hommes, mais naissant de la chose même, & de la suite des faits, elles sont pures & au-dessus de tout soupçon : au lieu que des Témoins peuvent tromper & avoir été trompés eux-mêmes. Il cite le Philosophe Grec, qui avoit une connoissance si sublime du cœur de l'homme & des règles du raisonnement (*l*). Il cite enfin (*m*) les Docteurs. On pourroit bien appliquer un mot d'un des plus forts génies de ce siècle. O homme ! voici la vérité, non dans le discours de tes semblables, qui sont menteurs, mais dans la nature-même, qui ne ment jamais. Or que la Cour daigne relire les argumens puissans & victorieux qui parlent pour l'innocence des Exposans.

(*h*) Mornac sur la Loi 6, *Cod. de Dol.*

(*i*) *Plus equidem credi opportere indiciis istis idest signis & argumentis quam Testibus, Testes enim corrumpi posse, vel gratia, vel metu, vel simultate.*

(*k*) *Lib* 2 *ad hærenn, N.* 7.

(*l*) Aristot. in *Rhetor.* Cap. 13 & 15.

(*m*) Décius, Balde.

Un de ces argumens bien énergique pour quiconque sçait écouter en lui-même la voix de la nature, est qu'il est impossible de supposer qu'un père, une mère, un frère, une ancienne domestique, un ami arrivé fortuitement de la veille, arrêté fortuitement à souper, se soient réunis pour un complot aussi atroce. Un Auteur célèbre (n) rapporte qu'une Procédure fut cassée, de cela que le crime dont il y étoit question n'étoit pas vraisemblable : & ce Jugement a été loué, ajoute-t-il, par tous les Ecrivains, *præclare scripsit, sapienter scribit, sapienter scribitur.* Le cœur s'ouvre & sent l'impression d'une joie douce en lisant ces traits d'humanité, de mœurs & de sentiment.

Les Exposans avoient manqué de faire remarquer, que l'habit du Défunt fut trouvé à côté, bien & duement plié, sans le moindre désordre ; & cette autre circonstance, que par l'empreinte que la corde a faite, il faut qu'elle ait posé immédiatement sur la peau : ainsi il faudroit supposer que la famille auroit commencé par ôter à Marc-Antoine sa Cravate, ou la lui abaisser; peut-on supposer ce sang-froid, dans un moment où il faudroit supposer tant de fureur? C'est dans ce moment que le combat auroit été long & violent. Dans la résolution funeste que Marc-Antoine avoit formée contre-lui-même, il abaissa sa cravate pour exécuter son dessein ; elle fut remontée après qu'il fut trouvé mort, pour cacher, s'il étoit possible, son malheureux attentat.

La nouvelle Procédure fournit aux Exposans trois ou quatre nouvelles preuves bien décisives pour leur innocence.

1°. Suivant le Sr Mathey, Peintre, Marc-Antoine Calas étoit encore aux 4 Billards à 7 heures du soir,

(n) Tiraqueau *in præf.* ad Leg. *Si cumquam,* N. 57, *Cassatam inquisitionem quandam delicti non verisimilis.*

B 2

le 13 Octobre. Il a été affuré à cette occafion que
plufieurs autres avoient dépofé qu'il avoit paffé la journée à ce Billard ou au jeu de Paume.

Par conféquent il ne devoit pas abjurer & faire fa
premiere Communion le lendemain 14 : Un Catholique parle à un Peuple & à des Magiftrats Catholiques : il ne craint pas que la conféquence foit con-
tredite : Oui , Marc-Antoine Calas ne devoit pas recevoir fon Dieu le lendemain, puifqu'il perdit l'après
midi de la veille, au jeu de Paume ou au Billard ;
ou s'il avoit difpofé ainfi de fa journée, devant s'ap-
procher le lendemain des Saints Myftères pour la
premiere fois ; il méritoit d'être abandonné de Dieu,
& il eft digne de s'être pendu : Rappellez l'exemple
à jamais terrible de l'Apôtre avare & perfide.

2°. L'Abbé Benaben raconte qu'il accompagna
Louis Calas le 14 chez Me. Carriere , Avocat : Un
foldat entre portant une Lettre du Sieur Calas, père , dans laquelle il demandoit ce qu'il devoit répondre : Me. Carriere répond , qu'il falloit qu'il eût perdu l'efprit. Je lui ai dit hier qu'il devoit déclarer la
vérité, & ne pas ménager *l'honneur* du Défunt ; que
Me. Carriere dicta alors trois Lettres. Le Sieur De-
libers dépofe qu'il a remis au Sieur Calas , père, la
Lettre qui lui étoit adreffée , dans laquelle Me. Carriere l'exhortoit à dire la vérité : qu'il ne remit pas les
deux autres ; qu'il les a dépofées entre les mains de M.
le Procureur-Général.

Voici le moment de la lumiere & le triomphe de
l'innocence : En effet, premierement le Sieur Calas héfitoit, felon ces deux Témoins, de dire le *vrai* de la
chofe, & ce *vrai* qu'il héfitoit de dire intéreffoit l'honneur du Défunt. On a dit par conféquent avec vérité,
que c'étoit pour ménager la mémoire du Défunt que
cette famille ne déclara pas dans l'Interrogatoire d'office qu'ils l'avoit trouvé pendu : fecondement, ces

deux Témoins ont été produits pour conclure que ce
qui a été dit par le Sieur Calas & par le Sieur Lavaysse, dans l'Interrogatoire après le Décret, qu'ils
avoient trouvé Marc-Antoine Calas pendu, avoit été
suggéré par un Conseil, par Me. Carriere; mais suivant
leur déposition, Me. Carriere n'a fait qu'exhorter ces
Prévenus à quitter tous ménagemens pour dire la vérité; par conséquent ce qu'ils ont dit en conséquence
de ce conseil est la pure vérité : Troisiemement, cela
démontre encore que la Famille n'avoit point eu de
part à la suspension de Marc-Antoine Calas, puisqu'il
résulte de-là qu'elle cachoit qu'il étoit mort suspendu,
afin de *ménager sa mémoire*; d'où il s'ensuit qu'elle
étoit dans l'impression qu'il avoit attenté sur lui-même : On ne peut pas enfin supposer que les Prévenus
aient feint cela pour leur justification, puisqu'ils faisoient force au contraire pour le cacher.

M. le Procureur-Général a en main deux de ces
Lettres de Me. Carriere; il daignera les joindre à la
Procédure; La Cour verra si elles ne sont pas écrites
dans cet esprit; si loin de suggérer aux Prévenus de
dire une imposture pour leur justification, Me. Carriere n'y a pas pour objet de lever à cette Famille le
scrupule qui la retenoit, & la mener par-là à décou-
vrir le fait affreux qu'elle receloit, qu'ils avoient trouvé Marc-Antoine Calas pendu. Qu'est-il même nécessaire du rapport de ces Lettres? La Cour croiroit-
elle que Me. Carriere se seroit employé pour con-
seiller des parjures? Ce seroit flétrir à jamais l'Ordre
auquel il est associé, que de le penser ainsi : Voilà
donc une preuve évidente que Marc-Antoine Calas
est réellement mort pendu, & que sa Famille n'avoit
point de part à cet attentat.

3°. Suivant la Demoiselle Champlatrux & sa Servante, Marc-Antoine Calas accompagna les Demoi-
selles de Caraman à 7 heures du soir, jusques dans la

cuiſine d'elle Champlatrux : Suivant le Sieur Mathel, Peintre , il étoit vers la même heure aux quatre Billards : d'autres ont aſſuré, prétend-on, que Marc-Antoine fut employé dépuis ſept heures pour aller chercher du fromage : Cela fait ceſſer la queſtion qu'on a tant voulu embarraſſer, ſi Marc-Antoine Calas ſoupa ou non ; il eſt très-certain qu'il ſoupa ; la choſe a été démontrée : mais rien de plus frivole que cette queſtion depuis ces nouvelles dépoſitions ; car dans quel objet à-t-on tant cherché ſi Marc-Antoine Calas avoit ſoupé ou non ? Il n'importe pas aſſurément à la Société qu'il ait joui d'un dernier repas ; mais on a prétendu induire de-là qu'il auroit été aſſaſſiné dans l'après midi. Il étoit néceſſaire de le pouvoir ſuppoſer ainſi pour éviter la fâcheuſe rencontre du jeune Lavayſſe ; ſi certainement innocent, & dont l'innocence aſſure celle des autres. Tel étoit donc l'objet ; mais il eſt bien conſtant que Marc-Antoine Calas n'a pas péri dans l'après-midi, s'il étoit à ſept heures du ſoir chez la Demoiſelle Champlatrux, & s'il a été mandé encore depuis à cet heure chercher du fromage.

4°. Suivant la Demoiſelle Marſalenc , la Demoiſelle Guichardet lui a rapporté qu'elle s'appercevoit depuis trois ans que Marc-Antoine Calas avoit des diſpoſitions pour ſe rendre : qu'on l'avoit vu pluſieurs fois à la Maiſon-Profeſſe dans le Confeſſional du Père Serane : On n'a garde d'adopter ces imprudens oui-dire : on verra en particulier la témérité de celui-ci ; mais ſuppoſons vrai le fait, que Marc-Antoine Calas fréquentoit depuis trois ans les Tribunaux de Pénitence : un autre remonte même juſqu'à quatre ans (o) : Quoi ! après trois ou quatre ans Marc-Antoine Calas n'étoit pas encore reconcilié, il n'étoit pas

(o) La Demoiſelle Ubert.

abfous, il n'étoit pas Catholique ? car il faut bien le
fuppofer, puifque non-feulement aucun ne l'a vu
communier, mais qu'il a été hors d'état de lever l'obftacle que lui avoit fait fon Curé quand il voulut prendre la Licence. Il s'enfuivroit de-là que fon efprit étoit
irréfolu & flottant, preffé d'un côté par des lumières
qui l'affiegeoient, retenu de l'autre par les préjugés
de l'éducation. " Le deffein de changer de Religion,
„ (p) difoit le grand Arnaud, eft quelque chofe qui
„ étonne „.

Rien de plus important que la Religion : rien n'eft
par conféquent plus violent que la fituation d'un efprit incertain entre deux Religions, & qui ne peut fe
réfoudre. Joignez à cet état violent les deux peines
d'avoir perdu l'efpérance d'être admis aux Degrés,
& du refus de fon père de l'affocier à fon Commer-
ce. Une ame déja frappée profondement par des trou-
bles fur la Religion, qu'il ne pouvoit point calmer,
ne peut-elle pas avoir été amenée à un égarement funefte par ces deux nouvelles peines.

5°. Enfin, fuivant le Sieur Gourdin & la Dlle Mar-
feillan, une nombreufe Compagnie étoit affemblée
devant la porte des Demoifelles Brandela : Aucun n'a
rapporté qu'il fût parti le moindre tumulte de la maifon des Expofans de leur boutique & de leur maga-
fin, jufqu'à ce moment de 9 heures & demie, que les
cris & les plaintes de la Famille fe firent entendre :
Marc-Antoine Calas étant mort actuellement depuis
long-temps & fon Cadavre froid. On raconte que plufieurs qui étoient auffi devant leurs portes avoient déja
dépofé qu'aucun bruit ne s'étoit fait entendre jufques à
ce moment.

Il eft temps de parcourir les nouvelles charges : il

(p) Apologie pour les Catholiques, 2 Part. Ch. 12, p.
240 & 241.

eſt aiſé de croire qu'il n'en exiſte aucune : l'inſtance étoit engagée depuis trois mois, quand l'Arrêt de la Cour a été rendu : Un Monitoire avoit été publié avec le plus grand éclat ; l'emportement contre les Expo-ſans étoit au comble : Croira-t-on que tous ceux qui auroient ſçu quelque choſe n'euſſent pas dépoſé dans ce long intervalle & dans cet ébranlement terrible des eſprits ?

Les Expoſans ſuivront le même ordre que dans leur Mémoire : 1°. Les circonſtances de l'action : 2°. Le prétendu changement de Religion : 3°. Les pré-tendus mauvais traitemens : 4°. L'Hiſtoire de la con-verſion de Louis Calas.

§ I.

Concernant les circonſtances de l'Action.

Quatre ou cinq objets de la nouvelle Procédure ſe rangent ſous cette claſſe : La Cour admirera qu'on ait pu recueillir tant d'illuſions.

1°. Il s'agit d'abord d'ouis-dire ſur la mort de Marc-Antoine Calas : La fille d'une Marie Lavigne lui *a dit* que la fille de ſervice du Sieur Calas, cou-chant avec elle dans la priſon, lui *avoit dit*, que Pier-,, re Calas étoit à plaindre, qu'il n'étoit pour rien dans ,, cette affaire ; que le Sieur Calas, père, & le Sieur ,, Lavayſſe avoient fait le Meurtre. Remarquez que cette fille étoit enfermée pour crime & qu'elle a été condamnée au fouet.

J'étois, dit le Sieur Combette, Commis du Sieur Forteville, " chez le Sieur Lagrave, le 13, à 10 ,, heures un quart : un voiſin qu'il ne nomme pas,
entre

„ entre & *leur dit* que Marc-Antoine Calas avoit été
„ étranglé „.

La femme du Sieur Mathei Peintre lui *a dit*, que
la nommée Mandrille, mère, lui *dit*, qu'étant dans
„ une Maison où elle achetoit, une Demoiselle, qu'el-
„ le ne connoiſſoit pas & ne reconnoîtroit pas, lui
„ *avoit dit* que le ſoir de la mort de Marc-Antoine
„ Calas, elle avoit entendu le Sr. Calas père, lui di-
„ ſant, Tu veux toujours faire ta tête, je t'étranglerai;
„ que Marc-Antoine Calas crioit, ah! mon père, que
„ vous ai-je fait! mon père, laiſſez-moi la vie!

Trois autres: Le Sieur Gleiſes, Commis du Sieur
Caſes, le Sieur Noſieres Praticien, le Sieur Perès,
Commis de la veuve Peyronet Chapelliere, ſe préſen-
tent pour doubler le rôle de l'imprudent Popis; & le
Sieur Combette, dont il vient d'être parlé, ſe joint
à eux.

A 9 heures trois quarts, dit le Sr. Perès, " j'étois
„ dans la maiſon du Sieur Maiſon, jouant avec ſon
„ frère cadet: ce garçon deſcend où nous jouyons, &
„ dit, c'en eſt fait, Marc-Antoine Calas eſt mort „.
„ J'étois, dit le Sr. Noiſieres, " à cette partie de Jeu à
„ dix heures ou dix heures un quart; le garçon deſcend
„ où nous étions, un bâton à la main, & dit, je croyois
„ que vous vous battiez, j'ai entendu une voix qui
„ crioit, ah mon Dieu! ah mon Dieu! puis une voix
„ plus foible, comme d'une perſonne mourante; c'eſt
„ fait de celui-là, il eſt mort. J'étois, dit le Sieur
„ Gleiſes, devant la porte du Sieur Calas à neuf heu-
„ res & demie, ou trois quarts, avec le monde qui
„ s'étoit aſſemblé; le garçon deſcend & me dit qu'il
„ a entendu crier à l'aſſaſſin, on m'étrangle. Ce même garçon rapporte au Sr. Combette, dans la boutique du Sieur Lagrave, le même ſoir, " qu'il avoit
„ entendu, au ſecours, on m'aſſaſſine, on m'étrangle „.

La Cour ne ſera-t-elle pas ſurpriſe qu'on ait eu la

C

patience de rédiger toutes ces illusions ? Il suffiroit
d'observer ce qui a été dit si souvent, que des témoignages de *auditu alieno* ne prouvent point. Ce sont
même ici des oui-dire d'un caractère particulier. Selon Marie Lavigne, sa fille lui a dit que la fille de service accusée, *lui a dit* : Oui-dire d'un oui - dire. Suivant Mathei, Peintre, sa femme lui a dit, que la
nommée Mandrille lui a dit, qu'une inconnue lui avoit
dit. Oui-dire d'un oui-dire d'autre oui-dire. Les Srs.
Gleises, Nosieres & Perés sont appellés pour rappor-
ter un oui-dire prétendu de quelqu'un qui avoit déposé déja personnellement. Enfin le Sieur Combettes ne
nomme pas le voisin de qui il a ouï dire ; tandis que
non-seulement dans le cas que les témoignages de *auditu* peuvent avoir lieu, il faut nommer les personnes
de qui l'on prétend avoir oui-dire ; mais il faut rap-
porter encore comment cela étoit parvenu à la connoissance de ces personnes, puisqu'elles ne feroient point foi
elles-mêmes qu'à cette condition (r). Cela étoit d'autant plus nécessaire dans cette occasion, que soit imprudence, légéreté ou fureur de parler, il n'est peut-
être pas deux individus de cette Ville, qui ne se soient
contés l'un à l'autre le soir même du 13, ou dans la
nuit, ou le lendemain, que Marc-Antoine Calas avoit
été étranglé ; même qu'il l'avoit été par ses parens.

Parcourons cependant ces dépositions, non pour
les détruire, puisqu'elles n'on point d'existence, mais
pour y reconnoître de plus en plus ce que les Exposans
ont dit qu'un prestige, on ne sçait quel, a formé cet
orage terrible qui gronde encore sur leur tête.

Pour Marie Lavigne : un propos d'une fille préve-
nue pour crime, & condamnée au fouet ! Quelqu'un
disoit à cette occasion, elle a subi sa peine, son Décret
ne subsiste plus. Les Exposans objectent, ils ce Té-

(r) V. le Mémoire, pag. 66, 80 & 81.

moin pour raison du Decret ? C'est pour raison du Jugement qu'elle a subi. Suivant la Loi (*s*), ceux qui ont été condamnés *judicio publico* ne sont pas reçus à porter témoignage. La raison est qu'ils sont infames de droit (*t*) ; or les infames ne sont pas reçus pour Témoins (*u*) ; de manière qu'ils ne sont pas même un indice.

Un voisin, dit le Sieur Gombette, entre chez le Sr. Lagrave, & leur dit que Marc-Antoine Calas avoit été étranglé.

1°. Le Sieur Lagrave & sa famille ne seroient ils pas venus reveler ce discours, puisque l'on suppose qu'il a été tenu en leur présence ?

2°. Ce voisin ne se seroit-il pas présenté aussi, s'il avoit rien sçu, lorsqu'un Monitoire solemnellement publié, fit un devoir à tous les Fidèles d'aller reveler à la Justice ?

3°. Il s'ensuit de-là que ce voisin doit être un méchant homme en tous les cas : calomniateur impudent s'il n'a rien sçu : Chrétien infidèle s'il a sçu quelque chose. Mais le récit prétendu d'un méchant homme pourroit-il & devroit-il faire impression ?

Ah ! ne doutons pas cependant que quelque voisin n'ait pu tenir ce propos : Les Exposans dans les fers ignorent cette partie de leurs malheurs ; mais on est en état d'en faire la preuve pour eux, & si quelque chaleur anime leur défense, elle est due peut-être à l'impression que fit sur l'esprit de celui qui les défend aujourd'hui, cette horrible témérité. Deux freres de défunt Sieur Gui Marchand à la Pierre, l'un Prébendé, l'autre Avocat & Juge, & Me. Cortiade, Avocat, Procureur fondé de deux sœurs, étoient venus à Toulouse pour prendre une Consultation, à l'occa-

(*s*) Leg 3. д. 5, ff. de *Testibus*.
(*t*) Leg. 1, ff. *de his qui not. inf.*
(*u*) Ranchin ; *in verbo Testis*, Art. 43, 44 & 45.

C 2

fion de la Succeffionn du Sieur Gui. Ils fe rendent
chez l'Avocat le 14 Octobre entre 7 à 8 heures du
matin, ils racontent l'horrible avanture de la nuit précédente; & ce font les Sieurs Calas qui ont affaffiné
leur fils en haine de ce qu'il avoit changé de Religion, il devoit faire aujourd'hui fa premiere Communion, & un fils de Me. Lavayffe eft entré dans cet
horrible forfait; un tel, campé devant fa boutique,
nous a raconté la chofe quand nous fommes paffés. Le
malheureux! il racontoit comme un fait le jugement
exécrable de fon ame téméraire; & nous ferons furpris que toute la Ville ait été féduite dans un moment;
que la féduction ait paffé dans la Province, qu'elle
ait gagné toute la France? L'imprudent fçavoit fi peu
rien, qu'il n'a pas ofé paroître dans la Procédure, il
n'a eu des notions que pour le Public; & bien plus à
plaindre que les Expofans, il ignore peut-être qu'il a
reçu la mort qu'il vouloit donner, & qu'il a le plus
grand des crimes à expier.

L'indignation & la douleur nous ont écartés: Venons
au Peintre Mathei: " Ma femme *m'a dit*, que la Man-
„Mandrille mère lui *a dit* qu'une Demoifelle, incon-
„nue, lui *avoit dit*, qu'elle entendit la voix de Marc-
„Antoine Calas, crier: Ah! mon père, que vous ai-je
„fait? mon père laiffez-moi la vie!

1º. Il faut que, foit la femme du Sr. Mathei, foit la
Mandrille, aient défavoué l'un & l'autre fon rapport,
puifque, ou elles n'ont pas été affignées, ce qui annonce
qu'elles n'étoient pas en état d'avouer ce raport, ou elles
n'ont pas été confrontées, d'où il réfulteroit qu'elles l'auroient défavoué. 2º. De deux Témoins qui fe font por-
tées pour avoir entendu la voix & le cri partant de la
boutique, tous deux rapportent autre chofe que les
mots, ah! mon père, que vous ai-je fait? mon père,
laiffez-moi la vie! 3º. Il faut redire ici que la Delle.
inconnue devroit être une méchante femme, ça-

lomniatrice indigne, ſi elle ne ſçavoit rien, Chrétienne infidèle, ſi elle ſçavoit quelque choſe, puiſqu'elle n'a pas paru pour reveler ſur le Monitoire.

Pour ceux à qui il a plu de multiplier le rapport de Popis, il ſemble qu'ils ne l'aient fait que pour le rendre plus mépriſable, il eſt étrange à quel point ils ſe choquent. Suivant le Sieur Pérès, c'eſt à neuf heures trois quarts que Popis, ayant entendu du bruit, deſcend du ſecond étage, où il étoit, au premier: ſuivant le Sieur Noſieres, il en deſcend à dix heures ou dix heures un quart: Suivant le Sieur Gleiſes, ce garçon a entendu *à l'aſſaſſin* : il a entendu, ſuivant le Sr. Combette, *au ſecours*, & ſuivant le Sr. Noſieres, *ah mon Dieu! ah mon Dieu!* puis une voix plus foible, comme d'une perſonne mourante. Enfin, ſuivant le Sr. Pérès, Popis a dit en deſcendant dans la chambre où on jouoit, c'en eſt fait, Calas eſt mort; & ſuivant le Sr. Noſieres, il ne ſçait pas même quand il entre dans cette chambre ce que c'étoit, puiſqu'il croyoit, dit-il, que ce fuſſent les Joueurs qui ſe battoien. L'heure, les termes, la choſe, tout eſt différent entre ces Témoins: l'imprudence ou le menſonge ſe déclarent par les contradictions (y).

N'oublions pas que dès la plus avancée de ces heures, Marc-Antoine Calas étoit mort depuis long-temps, & qu'à ce moment même l'autre garçon Paſſementier entendit la voix de Pierre Calas qui ſe précipitoit de

(y) " Quand un Témoin tombe en des contradictions ,, avec lui-même ou avec d'autres, il n'eſt pas permis de ,, déférer à ſes diſcours : c'eſt ainſi que l'innocence échap- ,, pe ſouvent à l'injuſtice & à la calomnie, par des contra- ,, dictions qu'on découvre dans les allégations des Accuſa- ,, teurs & des Témoins. Dans des occaſions mémorables, ,, il n'en a pas fallu davantage pour faire retomber ſur les ,, accuſateurs tout le poids de l'indignation & de la ven- ,, geance publique ,,. Me. Cochin, Tome 5, pag. 684.

la boutique dans le courroir, pour aller appeller son pere, criant & répétant, ah mon Dieu ! ah mon Dieu !

Remarquez au reste ce que le Sr Nosieres fait dire à Popis, qu'il avoit entendu, ah mon Dieu ! ah mon Dieu ! puis une voix plus foible, comme d'une personne mourante. Les Maîtres de l'Art, dont les observations sons rapportées, page 48 & 49 du Mémoire, ont déclaré que la chose n'étoit pas possible : que la voix étant perdue au premier moment que la corde presse la trachée-artère, les carotides & les veines jugulaires, il ne peut s'échapper que des sons gutturaux, non une voix quelconque forte ou foible, & comme d'une personne mourante.

II. Après ces oui-dire, la fille de service de la Demoiselle Pouchelon se présente, & raconte " qu'elle entendit à neuf heures trois quarts qu'on se plaignoit „ dans la boutique, en frappant du pied, sans recon- „ noître la voix „. On se souviendra toujours que Marc-Antoine Calas étoit mort alors depuis long-temps ; ce n'étoit donc ni la voix ni les pieds de Marc-Antoine Calas.

Deux circonstances que cette fille remarque le démontrent encore. Elle fait durer demie heure cette plainte qui se faisoit entendre dans la boutique : L'attentat sur Marc-Antoine Calas auroit-il duré demi heure ? Elle la fait durer après que Pierre Calas fut sorti, tirant vers les changes, c'étoit, comme on sçait, pour aller chercher le Sieur Cafeing, Marc-Antoine Calas n'étoit-il pas mort en ce moment ? Elle dit au contraire par exprès que Pierre Calas avoit déclaré cette mort en sortant.

Ceci est expliqué par Espaliac, qui entendit à 10 heures une voix qui se plaignoit, frappant des pieds : c'étoit le Sieur Calas, père, accablé de douleur, & que l'excès de cette douleur faisoit battre du pied, comme il l'a expliqué dans la Procédure.

III. Les Exposans ont dit dans leur Mémoire que ceux qui étoient entrés dans leur maison y avoient trouvé la douleur la plus vraie & la plus tendre. Les cœurs justes & sensibles ont été émus : Comment juger coupable un père, une mère, un frère qu'on a trouvés si sincérement & si vivement affligés? C'est à cela que se rapporte le troisième objet.

Suivant la Servante de la Demoiselle Pouchelon, Pierre Calas sortant dit "d'un ton assés tranquile au „ monde rassemblé devant la porte, que son frère étoit „ mort.„ La Demoiselle Marsalenc a oui-dire à Boris son garçon, " qu'ayant demandé à Pierre Calas, „ qui passoit pour aller chez le Sieur Cazeing, ce que „ c'étoit de son frere ; il répondit fort sec, qu'il étoit „ mort.„ Le Sieur Perés, Commis de la veuve Peyronnet " regarde par une fente de la fermure de la „ boutique ; il entend la Demoiselle Calas qui pleure „ & qui cesse bientôt ; & il voit le père dans la Bou „ tique, tenant une chandelle & se promenant tran „ quillement.„

Un de ces trois Témoins, la Dlle. Marsalenc, ne rapporte qu'un *oui-dire* ; il étoit si simple d'appeller le Commis à qui elle prétendoit avoir oui-dire.

Les deux autres sont témoins *singuliers* : les deux faits qu'ils rapportent sont en effet bien différens, puisque l'un a entendu devant la porte, l'autre pendant que Pierre Calas alla chercher le Sieur Cazeing.

Le Sr. Perés, un des trois, a été sur-tout misérablement confondu. Il ne connoit pas, a-t il dit, le Sr. Calas; comment donc a-t-il connu que s'étoit le Sr. Calas qui se promenoit dans la Boutique? On lui a demandé comment le Sieur Calas étoit habillé, il a répondu à peu près comme à présent ; & voilà que le Sr. Calas étoit vêtu d'une robe de chambre verte. Que la Cour daigne faire expliquer là-dessus ceux qui entrerent dans la Boutique, & qui ont déposé dans la procédure, les

Sieurs Delpech, Brouſſe , Gorce, tant d'autres. La
Loi le permet (z) ; elle permet au Juge de réſumer
les Témoins récolés & confrontés , pour en tirer des
éclairciſſemens. Enfin, on eſt allé à la fermure de la
boutique, elle a été exactement viſitée ; il a été véri-
fié qu'il n'y exiſte aucune fente par laquelle la vue
puiſſe s'introduire & diſtinguer les objets.

C'eſt principalement par la Procédure même que
ces trois dépoſitions ſe détruiſent. On a prétendu établir que Pierre Calas étoit ſorti froid & tranquile ;
Que le père étoit ſans douleur , que la mère n'eut
qu'une douleur paſſagère & feinte. On eſt ſaiſi d'horreur quand on rapproche de cela ce qu'ont dit les
Témoins de la première Procédure : ce qu'a dit le
Sieur Delpech, « qu'on crioit , qu'on ſe déſeſperoit ;
„ que c'eſt ce qui l'attira à la porte, qu'ayant heurté
„ & ayant demandé à Pierre Calas, qui vint ouvrir ,
„ ce que c'étoit , il dit avec tranſport, mon Dieu, mon
„ ami , viens voir mon frère mort» : Ce que le Sieur
Delpech ajoute, « que la Demoiſelle Calas, pâle &
„ tremblante, ne vouloit pas recevoir de conſolation» :
Ce que dit la Demoiſelle Pouchelon, « que le père
„ & la mère crioient, ah mon Dieu ! ah mon Dieu !
Ce que dit le Sieur Gorce, « que la mère pleu-
„ roit beaucoup , que le père pleuroit auſſi, ſe
„ déſeſpérant d'un pareil malheur » : Ce que dit
„ Mirande , Tailleur ; « qu'une voix pleuroit
„ dans le fonds du Magaſin , en diſant ſouvent ,
„ ah mon Dieu ! ah mon Dieu » ! Ce qu'ajoute la
ſervante de la Demoiſelle Pouchelon ; « que ces plain-
„ tes durerent au delà de demi heure » : Ce que dit
Caſſecure : « qu'il vit le père bien affligé , qu'il lui
„ dit dans ſon idiome, vous êtes bien affligé, Mon-

(z) Jul. Clar. Pract. crim. Lib. 5 , e. fin. Quæſt. 61,
N. 5.

„ ſieur ?

sieur ? que le Sieur Calas répondit, eh ! comment ne le serois-je pas ! mon fils est mort». Et pour soulagement d'une douleur si grande , on vous charge de fers; Ah ! les cœurs sensibles ne trouveront pas assés de larmes pour déplorer vos maux !

V. Deux Témoins de la nouvelle Procédure , la Demoiselle Lormande & la Demoiselle Marsalenc , semblent donner lieu de croire qu'on a prétendu faire penser que la famille avoit voulu cacher d'abord la fin de Marc-Antoine Calas: On ouvre, dit la Demoiselle Lormande «au Sieur Delpech, non à moi: La servante paroit , je lui demande ce que c'est , & elle ne répond rien; Une voisine frappé, dit la Demoiselle Marsalenc , on lui répond que ce n'est rien, que c'étoit un accident qui étoit arrivé».

1º. Ce seroient encore deux Témoins singuliers ; il est clair en effet que les deux faits sont différens , puisqu'il n'a pas été répondu à l'une & qu'il a été répondu à l'autre ; 2º. Ce que ces deux femmes ont voulu faire penser, elles le détruisent tout de suite : " La servante ne répondit rien , dit la Demoiselle Lormande , elle réparait un moment après, & dit que Calasfou a été tué : Pierre Calas, paroissant, dit à l'autre, un moment après, qu'il fut répondu à la voisine qui avoit frappé, que son frère avoit été assassiné " ; ainsi il est annoncé dans le moment même que Marc-Antoine Calas étoit mort; on n'avoit donc pas prétendu cacher cette mort.

On le prétendit si peu , qu'à l'instant que Pierre Calas & le Sieur Lavaysse eurent fait descendre le père, après avoir apperçu Marc-Antoine Calas pendu entre le magazin & la boutique, l'un sortit d'un côté, l'autre de l'autre, pour aller chercher un Chirurgien, & que le Sieur Delpech, le Sieur Brousse & mille autres furent introduits dans la Boutique, & qu'on courut chercher de suite un Magistrat de Po-

D

lice : quoiqu'il n'y auroit pas lieu d'être furpris qu'on eût voulu cacher cette mort funefte, dans l'objet fi naturel d'épargner la mémoire du Défunt.

IV. Les Expofans avoient dit qu'il ne s'étoit point trouvé d'équimofe ou meurtriffure dans aucune partie du corps du Défunt ; ils ont tiré de là l'induction la plus puiffante : il n'eft perfonne qui n'en ait été frappé. Deux Témoins ont paru qui ont voulu leur faire perdre cet avantage , le Sieur Pagés, Praticien, & Lambrigot, fils, Soldat de l'Hôtel de Ville : « J'en- » trai le 14, dit le Sieur Pagés , dans la Chambre » de la torture ; il y avoit un *Chirurgien* , un *Gar-* », çon *Chirurgien* & trois Soldats , le nommé *Eftebé* » & Lambigot, fils : je diftinguai l'empreinte d'une » corde qui faifoit *le tour du cou* , une égratignure » fur la côte du nez , trois fur le crâne , toutes étant » comme *fraîches ;* & fur la poitrine , une tache » noire de la *grandeur de la main.* Le Chirurgien que » j'interrogeai , me dit que c'étoit la marque du » coup qu'on avoit donné au Cadavre pour l'ache- » ver plutôt. » Lambrigot parle de cette même » tache & ces mêmes égratignures ; mais fuivant lui, les égratignures étoient *feiches* , & le noir qu'il y avoit fur la poitrine n'étoit que comme une piece de 24.*fols*.

1°. Le faux de ces deux Dépofitions fe démontre par les contradictions qui y regnent. Suivant l'un , les trois Egratignures du Crâne étoient comme *fraîches ;* fuivant les autres , elles étoient *feiches.* Suivant l'un , la tache noire fur la Poitrine étoit grande *comme la main ;* fuivant l'autre , comme une *piece de* 24 *fols.* 2°. Le rapport des Médecins qui vifiterent le Cadavre le 13 , démontre bien encore le faux de ces deux Dépofitions ; puifqu'ils ont d'un côté déclaré , que l'empreinte de la corde n'occupoit que la *partie antérieure du cou ;* qu'ils ont dit de l'autre , qu'à l'exception de l'égratignure fur le nez , il ne se trouvoit ni équimose ou meurtrissure, ni aucune autre impression dans aucune partie du Corps de Marc-Antoine Calas; le Sieur Gorse l'a rapporté de même, prétend-on, dans sa Déposition. 3°. Le propre rapport du Chirurgien qui fit l'opération du 14, & sous les yeux duquel ces deux Témoins prétendent avoir fait leurs observations, en prouve de nouveau le faux, puisque ce Chirurgien a déclaré dans ce Rapport, qu'il n'y avoit rien à ajouter, pour l'intérieur du Corps, à ce qui étoit contenu dans le Rapport de la veille; qu'il a confirmé par conséquent qu'il n'existoit encore alors, non-plus que la veille, sur le Corps de Marc-Antoine Calas, ni taches noires, ni aucunes autres impressions. 4°. Il faudroit conclure au moins du rapport des Médecins qui visiterent le Cadavre le 13, que les égratignures du Crâne & cette tache noire seroient survenues depuis, puisque rien de cela n'existoit, lors de leur rapport. Le Cadavre peut avoir heurté contre un corps solide, quand il fut porté à l'Hôtel de Ville; la tache noire sur la Poitrine sera venue de là. Pendant que le Cadavre étoit porté par les Soldats, la Tête peut avoir rencontré une épingle ou autre instrument pointu: & de-là seront venues les égratignures de la tête. 5°. Il est juste d'être affecté aussi de ce que ni le Garçon Chirurgien ni le Soldat Estebe, que les deux autres disent avoir assisté à cette scene, n'ont pas été confrontés. Il résulte de-là, comme on a observé ailleurs, ou qu'ils n'ont pas été assignés parce qu'ils n'avoient rien à dire; ou que s'ils ont été assignés, ils ont démenti le discours de Pages & Lambrigot. 6°. Ces deux dépositions serviroient-elles dans le fond pour l'objet qu'on s'y est proposé, de détruire le fait qu'il n'y avoit eu ni combat ni résistance? Une résistance & un combat auroient-ils produit des égratignures, & n'auroient-ils produit que des égratignures? D'au-

D ij

tre côté, la tache noire fur la Poitrine, de la grandeur
d'une piece de 24 fols, indiqueroit un coup porté
du bout d'un inftrument contondant, tel qu'un bâton,
un fleuret. Peut-on fuppofer que Marc-Antoine Calas
eût été attaqué de cette maniere ? Cela indiqueroit
plutôt un coup reçu dans une Sale d'Armes, dont
Marc-Antoine Calas fréquentoit les exercices. Il n'eft
aucun de ceux qui les fréquentent qui ne porte fur
fon corps plufieurs de ces marques. On fe fouvient
auffi que Marc-Antoine Calas avoit paffé une partie
du jour au Jeu de Paume ; ainfi ce pourroit être encore l'impreffion d'une bale.

V. Les Expofans ne parleroient pas d'un dernier
objet, tant c'eft chofe indifférente, s'il ne leur pa-
roiffoit qu'on doit y avoir fait attention. Pierre Calas
a raconté qu'ayant rencontré au fortir de la maifon
le Sieur Delpech, à qui il avoit dit qu'il alloit appeller un Chirurgien, & de qui il apprit que le Sieur
Gorfe étoit avec les Demoifelles Brandela, il courut
pour aller chercher ce Chirurgien. Deux Témoins
font venus là-deffus. Suivant le Sieur Gourdin, Praticien, ce fut le Sieur Brouffe qui accourut au bruit
qui fe faifoit entendre, qui revint criant Gorfe, Gorfe,
& qui l'amena. Suivant la Demoifelle Marfalenc,
Pierre Calas eft véritablement celui qui amena le
Sieur Gorce ; mais il avoit crié pour l'appeller avant
d'aller pour l'amener.

On voit combien tout cela eft indifférent, que
Gorfe ait été mené par le Sieur Brouffe, ou qu'il
l'ait été par Pierre Calas ; que Pierre Calas ait crié
Gorfe avant d'aller pour le faire venir, ou qu'il
n'ait pas crié avant d'y aller. Que pourroit-on conclure de tout cela ? Mais le récit de Pierre Calas a
été exact ; le Sieur Gorce en a rendu témoignage.

La contradiction qui regne entre ces deux impru-
dentes Dépofitions, fuffiroit pour les anéantir. Sui-

vant l'un, c'est Pierre Calas qui crie : suivant l'autre, c'est le Sieur Brousse. Suivant l'une, c'est encore
le Sieur Brousse qui amene le Sieur Gorce, après
avoir crié pour l'appeller : suivant l'autre, c'est Pierre
Calas. Ainsi par un sort constamment uniforme, tous
les Témoins de cette malheureuse Procédure se détruisent l'un par l'autre : il semble que la Providence
en ait voulu faire un monument des égaremens de
l'esprit humain.

Voila à quoi se réduit la nouvelle Procédure pour
ce qui a rapport aux circonstances de l'action : un
oui dire vague que Marc-Antoine Calas avoit été
étranglé : d'autres oui dire qu'on l'avoit entendu crier :
un oui dire d'une Fille condamnée pour crime : deux
imprudens, qui contre le témoignage de toute la
Procédure, prétendent avoir vu tranquille, l'un le
Frere, l'autre la Mere & le Pere : deux non moins
imprudens, qui insinuant contre le témoignage réuni
de toute la Procédure, qu'on avoit voulu cacher la
mort de Marc-Antoine Calas, se démentent nettement tout de suite : deux malheureux confondus par
des rapports publics, sur ce qu'ils disent de l'état du
Cadavre, & qui attestent d'autres assistans, par qui
ils doivent avoir été démentis : enfin deux autres qui
en sont aux prises pour sçavoir qui a amené Gorse,
& si on a crié Gorse avant d'aller à lui, ou si on est
allé le trouver sans avoir crié. L'inquisition a-t-elle
été continuée pour produire ces miseres ?

Les Exposans oseront-ils s'entretenir d'une pensée
qui leur entre dans l'esprit, & qui est bien digne de
l'équité sublime de MM. les Commissaires & du ven-
geur public ? c'est qu'ils n'ont écouté, qu'ils n'ont
accueilli toutes ces absurdes dépositions, que pour
mettre dans le plus grand jour l'innocence des Exposans, puisque rien n'est plus propre à la manifester
que de voir que tout un monde soulevé ne peut pas
même l'entâmer.

RELIGION.

Un Délibéré des Syndics & Conſuls de la Ville de Genève, du 30 Janvier dernier, ſcellé du Sceau de la République, ſigné du Secretaire d'Etat, & certifié par le Baron de Monperoux, Réſident à Genève pour le Roi, atteſte, « Que par les Loix » & l'Uſage de la République, la différence & le » changement de Religion, ne rendent point incapable de ſuccéder, & ne ſont point de cauſes d'exhérédation. » C'eſt un Conſeil d'Etat qui parle de ſes Loix à une Nation voiſine. Une Religion permettroit d'immoler les Enfans pour une cauſe pour laquelle elle ne permet pas de les exhéréder !

La Compagnie des Paſteurs & Profeſſeurs de l'Egliſe & Académie de Genève s'eſt émue à la même occaſion : on leur repréſente dans un rapport qui leur eſt fait, « que leur Egliſe eſt ouvertement accuſée de tenir qu'un père peut faire mourir ſes » enfans quand ils veulent changer de Religion, même » de l'avoir décidé ainſi dans un Synode.

„Sur quoi opiné, chaque Membre de la Compagnie » a témoigné l'horreur dont il avoit été ſaiſi à l'ouie » d'une pareille imputation, & ſon étonnement de » ce qu'il ſe trouve des Chrétiens capables de ſoup- » çonner d'autres Chrétiens d'avoir des ſentimens ſi » exécrables.

» Cependant puiſque l'on croit néceſſaire que la » Compagnie s'explique ſur une opinion ſi étrange, » elle dit & déclare :

» Qu'il n'y a jamais eu parmi nous ni Synode ni » aucune Aſſemblée qui ait approuvé cette Doctrine » abominable, qu'un père puiſſe ôter la vie à ſes en- » fans, pour prévenir le changement de Religion, » ou pour les en punir ; que même jamais pareille » queſtion n'a été agitée, d'autant que de telles hor- » reurs ne ſe préſument point.

» Que ni Calvin ni aucun de nos Docteurs n'a ja-
» mais rien enseigné de semblable, ni même d'ap-
» prochant ; & que bien loin que ce soit la Doctrine
» de notre Eglise, nous la détestons unanimement &
» l'abhorrons, comme également contraire à la na-
» ture, à la Religion Chrétienne & aux principes
» des Eglises Protestantes. »

La Délibération est certifiée par les Syndics & le
Conseil, & par le Résident de France. Ministres &
Docteurs de la Communion Protestante, & vous
Peuple Protestant, ah ! gardez-vous de jamais attri-
buer à l'Eglise Catholique, ni à nos Magistrats, ni
au Peuple si éclairé de cette Ville, ce qui n'a été que
l'égarement d'une populace aveugle & imprudente.

Dans combien de familles le mari est Protestant &
la femme Catholique ; le mari est Catholique, & la
femme Protestante ; le père & la mère Protestans, &
les enfans Catholiques ? Il y a mille exemples que
des enfans Catholiques ont été avantagés par leurs pè-
res & mères Protestans, autant que ceux qui prati-
quoient leur Religion, même davantage. (a)

(a) Voici des faits dont les Exposans sont instruits.
La Demoiselle Cambieu du Pont-de-Lart partagea son
bien à ses deux enfans en les mariant ; l'un se fait Catholique : elle lui substitue la portion du Protestant, par
Testament reçu, Lagarrigue Notaire.

Le Sieur Bordes du même lieu ayant deux filles, dont
la cadette se fit Catholique, les a instituées héritieres
égales, par Testament reçu par le même Notaire.

Le Sieur Bosviel, de Mazamet, marie avec un Catholique sa fille cadette, qui s'étoit convertie, & il l'avantage sur ses sœurs ; le Contrat de mariage reçu par Lan-
des, Notaire. Pardevant le même Notaire, le Sr. David
Pech, du Pont-de-Lart, avantage sur ses autres enfans
sa fille aînée, qui s'étoit faite Catholique. Enfin le Sieur
Glories, près de Castres, institue son fils cadet, qui s'é-
toit fait Catholique, au préjudice de l'aîné qui étoit Protestant ; Testament reçu par Boisseson, Notaire.

Mais voyons dans le fait ſi la nouvelle Procédure a mieux établi ce prétendu changement de Religion de Marc-Antoine Calas, que ne l'avoit fait la premiere.

Ceci renferme pareillement divers objets : un ſoupçon que Marc-Antoine Calas alla trouver le 13 à Balma M. l'Archevêque ; des ſoupçons qu'il approchoit du Tribunal de la Pénitence ; un propos prétendu de Louis Calas ; la fréquentation des Egliſes.

1°. Suivant Patu, Fénaſſier, " deux jeunes gens, " dont l'un étoit Calas, mais n'étoit point celui qui " eſt en Priſon, lui demanderent à neuf heures du " matin, le 13, un cheval pour aller à Balma ; & " n'en ayant point, il les renvoya à Granier, autre " Fénaſſier. Ils ſe rendent chez Granier, ſuivant cet " autre & ſa femme, à neuf heures ou neuf heures " & demie, & parlent encore du voyage de Balma. Le " mari dit que c'étoit pour parler à M. l'Archevêque " que l'un d'eux prit le cheval ; la femme dit que ce " fut celui qui n'étoit pas Calas. „

1°. Aucun de ces trois Témoins ne dit que le Calas qu'ils ont vu fût Marc-Antoine : ce pouvoit n'être point Pierre, & n'être point cependant Marc-Antoine. 2°. Quand ç'auroit été Marc-Antoine, c'eſt l'autre jeune homme, non lui qui prit le cheval, & alla à Balma. Par conſéquent Marc-Antoine n'eſt pas allé parler à M. l'Archevêque. 3°. Et comment le ſuppoſer, tandis que tant de Témoins rapportent qu'il paſſa ce même jour au Jeu de Paume & au Billard ? 4°. Qu'auroit-il enfin été néceſſaire que Marc-Antoine Calas allât communiquer à M. l'Archevêque qu'il devoit ſe convertir ? N'auroit-il pas ſuffi d'en inſtruire ſon Curé ?

Voici le vrai de l'hiſtoire. Le Sieur Teyſſeire, de Villefranche, Etudiant en Droit, qui eſt lié avec Louis Calas, étoit chargé par ſon père de parler à
ce

ce Prélat : les deux jeunes gens dont parlent ces deux Fénassiers, c'étoient d'un côté le Sieur Teysseire, de l'autre Louis Calas ; le Sieur Teysseire en a fourni sa déclaration, certifiée par les Maire & Consuls de Villefranche.

II. Deux Témoins se sont présentés pour l'objet important de la Confession. Un Valet de M. d'Aldiguier a vu, dit-il, à la fin de Septembre, ou au commencement d'Octobre, " un jeune homme, qu'il ne " connut pas, sortant d'un Confessionnal de la Dalbade, " un mouchoir sur le visage : Me Laplagne venoit " de le confesser : on lui *a dit* depuis l'aventure du 13, " que c'étoit Marc-Antoine Calas ". La Demoiselle Marsalenc rapporte d'autre côté " que la Demoiselle " Guichardet lui *a dit* depuis le 13, qu'elle s'ap- " percevoit depuis trois ans que Marc-Antoine Calas " avoit des dispositions pour se rendre; *qu'on* l'avoit vu " plusieurs fois à la Maison-Professe, dans le Confession- " nal du Pere Sérane.

L'indignation & l'étonnement redoublent, plus on avance. Par rapport au Valet de M. d'Aldiguier : 1°. On est allé à la Communauté de la Dalbade ; elle a déclaré que Me. Laplagne n'avoit point de Confessionnal dans leur Eglise ; qu'il n'y confesse point ; qu'il n'y a point confessé ; que des Prêtres externes ne sont pas reçus à exercer cette fonction dans leur Eglise. Que la Cour daigne faire appeller Me. Laplagne, elle sçaura par lui s'il confessa jamais à la Dalbade. Le Confessionnal de cet Ecclésiastique est dans l'Eglise S. Antoine. 2°. Qui pourroit dans le fonds avoir sçu que ce Valet avoit vu sortir un jeune homme d'un Confessionnal de la Dalbade, sur la fin de Septembre, ou au commencement d'Octobre, & qu'il ne l'avoit pas connu ; pour qu'on fût allé lui dire après le 13, Ce jeune homme que vous avez apperçu sortant d'un Confessionnal à la Dalbade, il y a quinze jours, un

E

mois, qui avoit confeſſé à Mc. Laplagne, & que vous n'avez point connu, c'étoit Marc-Antoine Calas. Il n'eſt pas néceſſaire de faire remarquer que ce ne feroit qu'un ouï dire, on m'a dit depuis l'avanture du 13. Me. Laplagne avoit condamné d'avance cette téméraire dépoſition, en démontrant par des ſignes certains que le jeune Proteſtant qu'il avoit confeſſé n'étoit pas Marc-Antoine Calas, lequel en effet il ne reconnut pas quand le Cadavre lui fut repréſenté.

A l'égard de la Demoiſelle Marſalenc: 1°.C'eſt encore un ouï dire : la Demoiſelle Guichardet *m'a dit.* C'eſt même un ouï dire d'un ouï dire : la Demoiſelle Guichardet m'a dit *qu'on l'avoit vu,* &c. Ce n'eſt pas elle qui a vu, mais on lui a dit *qu'on l'avoit vu.* 2°. Il faut redire, que la Demoiſelle Guichardet n'ayant pas été confrontée, il faut ou qu'elle n'ait pas été ouïe, ce qui démontreroit qu'elle n'a pas été en état de confirmer ce que la Demoiſelle Marſalenc lui faiſoit dire ; ou qu'il faut, ſi elle a été ouïe, qu'elle ait démenti ce propos. Soit qu'elle eût parlé à la Demoiſelle Marſalenc par ſimple démangeaiſon, ſemblable en cela à tant d'autres, ſoit que la Demoiſelle Marſalenc le ſoit trompée, en croyant avoir entendu ce qu'on ne lui a point dit, ſouvenons-nous toujours qu'il n'a paru aucun Confeſſeur.

III. Suivant un Apprentif & une Servante du Sieur Magneau, Louis Calas dit, étant dans la Boutique du Sieur Magneau, il y avoit environ un an, « que » ſon aîné & une de ſes ſœurs changeroient *dans* » *peu* ». 1°. Il a été prouvé que le témoignage d'un prétendu diſcours d'un fils ne pouvoit pas être admis contre le père ou la mère 2°. Cela ſe réduiroit pareillement à un ouï dire : Louis Calas *nous a dit.* 3°. Il eſt évident que ç'auroit été un mot haſardé, une venterie, une légéreté de Louis Calas, puiſqu'on ne voit point qu'aucune de ſes deux ſœurs ait changé

jufqu'aujourd'hui , au lieu que l'une devoit changer
dans peu; & que Marc - Antoine Calas lui - même
n'auroit pas changé non-plus dans peu , puifqu'il eft
convenu qu'il n'avoit pas encore abjuré le 13 Octobre. 4°. Pourroit-on douter enfin que ce n'eût été une
légéreté de ce jeune homme; quand on voit que perfonne n'a inftruit Marc-Antoine Calas , que perfonne ne l'a confeffé, qu'il n'avoit ni Livre de Prieres
Catholiques , ni un Crucifix , ni un Chapelet, qu'on
rapporte la preuve *(b)* , & qu'on offre encore de
prouver qu'il a affifté jufqu'à fa mort aux exercices
Proteftans; que par conféquent il eft démontré que
ni il n'étoit converti, ni il ne fe difpofoit à fe convertir.

Une femme de S. Cyprien l'a vu à une Tribune à la
Maifon-Profeffe , ne fçachant s'il entendoit la Meffe.

IV. Pour la fréquentation des Eglifes ; " la Bai-
„ lot, Treffeufe, a vu, dit-elle, Marc-Antoine Calas
„ à la Bénédiction aux Pénitens - blancs : Lacroix ,
„ Tailleur, l'a vu priant devant les Corps Saints à St.
„ Sernin, à la fin de Septembre. La veuve d'Uber l'a
„ vu dans la même Eglife , il y a quatre ans , un jour
„ qu'on chantoit le Cantique de la Nativité , à genoux
„ plats, priant Dieu fort dévotement : Un Penfionnai-
„ re Proteftant, que les Expofans avoient chez eux ,
„ avoit le Chapeau fur la tête, pendant que la Béné-
„ diction fe donnoit ; il lui prit le chapeau & Je jet-
„ ta à terre, lui difant, ne voyez-vous pas que notre
„ Maître *paffe* : Marc-Antoine Calas ferra la main à
„ elle d'Uber au fortir de l'Eglife ; elle comprit qu'il
„ lui demandoit de tenir la chofe fecrette.

Voilà donc Marc-Antoine Calas Catholique depuis
quatre ans; il reçoit la Bénédiction; il s'humilie devant les Reliques ; il reconnoit que fon Maître eft
préfent dans l'Euchariftie, & cela remonte à quatre
ans, & il n'a point encore abjuré après ces quatre

(*b*) Cela fera vu ci-après.

E ij

ans? Puifque fon abjuration fe devoit faire le 13 Octobre dernier, & perfonne ne l'a inftruit, & perfonne
ne l'a confeffé, & fon Curé ne le connoit pas pour
Catholique ; & difpofé pour recevoir la Licence, il
eft hors d'état de faire ceffer l'obftacle que fon Curé
lui avoit fait fur ce qu'il étoit né d'une Maifon Pro-
teftante, & il affifte à tous les enterremens Proteftans,&
il y parle de l'excellence de fa Religion, & il tient un
enfant à Baptême au Défert ; convenons que c'eft au
moins un Problême inexplicable, ou reconnoiffez
plûtôt à ces traits que, ni Marc-Antoine Calas n'étoit
converti, ni il ne fongeoit à fe convertir ; qu'il faut
par conféquent que tous ces Témoins fe foient fait illu-
fion. La penfée de l'Orateur Romain, qui a été rap-
portée ailleurs, s'applique bien en cet endroit ; pourquoi en faut-il croire à des circonftances lumineufes, qui
parlent à l'efprit plûtôt qu'à des Témoins ? c'eft que
ces circonftances ne dépendant pas du caprice des hommes, que naiffant de la chofe même & de la fuite
des faits, elles font pures & au-deffus de tout foupçon;
au lieu que des Témoins peuvent tromper ou avoir
été trompés eux-mêmes.

Il paroit inutile de rien ajouter ; obfervons cependant
que chacun de ces 4 Témoins eft fingulier ; aucun autre
que la femme de St. Cyprien n'a vu Marc-Antoine
Calas dans une Tribune à la Maifon Profeffe ; aucun
autre que la Bailot ne l'a vu aux Pénitens-Blancs, &
Platte qui l'a vu à Saint Sernin, ne concourt ni avec
Lacroix, Tailleur, puifque l'un parle d'un jour de
Cérémonie, l'autre d'un jour ordinaire ; le Sieur
Platte avec la veuve Ubert, puifque Marc-Antoine
Calas étoit dans un banc, felon le Sieur Platte,
au lieu que la d'Uber l'a vu appuyé à une baluftra-
de.

La dépofition de cette femme mérite une attention
particuliere : fuivant elle, le jeune Penfionnaire Pro-

ceſtant gardoit le chapeau ſur la tête pendant la Bénédiction : cent perſonnes ſe ſeroient ſoulevées à la
fois contre l'impie, & la Procédure retentiroit de ce
ſcandale & du mérite de Marc – Antoine Calas, qui
l'auroit réprimé. Remarquons ſur-tout la merveille :
Marc-Antoine s'eſt ouvertement déclaré au jeune
Penſionnaire qui étoit logé chez lui, & aſſurément il
n'a pas acquis un droit ſur ſa diſcretion, en lui faiſant
un affront : & il prie humblement une étrangere
qu'elle ne parle point à ſa Famille : il lui demande le
ſecret, & le fait s'étoit paſſé au yeux de l'Univers dans
une Egliſe pleine de monde : peut-on rien imaginer
de plus imbecile (c)?

Voilà pareillement ce que la nouvelle Procédure
a fait connoître ſur le prétendu changement de Religion de Marc-Antoine Calas : Un prétendu voyage à
Balma, contredit par toute la Procédure & par les
propres Témoins qui ont été employés pour cela : un
oui-dire démenti par ſon Auteur, qu'il avoit été vu dans
un Confeſſional : un autre oui dire démontré faux,
qu'il avoit confeſſé à Me. Laplagne à la Dalbade : un
prétendu propos de Louis Calas que l'évenement auroit démontré avoir été une légereté de ſa part : une
prétendue fréquentation des Egliſes ſur laquelle d'autres Témoins s'étoient déja aſſés expliqués : Les Ex-

(c) On avoit jugé ſur la dépoſition de cette femme
qu'elle devoit être dans cet état : il a été aſſuré que c'é-
toit cela même, & on en offre la preuve : Que quelqu'un
daigne interroger ſes connoiſſances. Il exiſte ſur-tout
une époque admirable : La ſublimité de la Réligion de
cette femme lui fit croire, après que les Calas furent
arrêtés, qu'elle devoit aller manger & coucher avec les
Demoiſelles Calas, pour éclairer leur conduite : Elle de-
vint ſi incommode, qu'il fallut la chaſſer ; un voiſin
ſe chargea de l'expédition, & s'en acquitta très-bien;
ſans cela la Demoiſelle Uber ſeroit allée dépoſer ſortant
du lit des Demoiſelle Calas.

poſans ne peuvent-ils pas appliquer encore ici, qu'i faut être bien innocent, lorſque des recherches ſi longues, & avec un ébranlement des eſprits auſſi violent ne produiſent que des illuſions auſſi mépriſables (d)?

Les Prévenus ont fait ces remarques dans leurs confrontemens: Le goût pour la Muſique (Marc - Antoine Calas en étoit poſſédé) & pour les grandes Aſſemblées, pouvoit l'amener dans les Egliſes: il faut bien y être avec décence, quand même on n'auroit pas de la foi; un Proteſtant doit avoir, plus que tout autre, cette attention.

D'autre côté Marc-Antoine a pu être placé quelque part pour voir paſſer les Proceſſions du S. Sacrement: Il a pu rencontrer le S. Viatique, ſuivre quelque temps avec la foule pour ne point cauſer du ſcandale, & attendre le moment favorable pour ſe retirer: il a pu être confondu auſſi avec Louis Calas, ſon frère: ils étoient vêtus de même maniere, un habit bleu, des boutons de pincebec.

L'imagination des Témoins a pu ſe brouiller ſur tout cela: c'eſt pourquoi il eſt d'autant plus néceſſaire de s'en tenir aux circonſtances, qu'il n'a point eu de Confeſſeur, que perſonne ne l'a inſtruit; & les autres qui ont été ramenées.

Ils ont expoſé auſſi uniformement & conſtamment que Marc-Antoine Calas avoit pratiqué, juſqu'à ſa mort, dans ſa maiſon, les exercices de la maiſon Proteſtante; faiſant la Priere en commun tous les ſoirs, liſant le Dimanche à la Famille quelque Sermon de

_____

(b) On avoit manqué de faire obſerver que la remarque du Pénitent Blanc dont il eſt parlé page 69 du Mémoire, qu'un Prêtre avoit dit que Marc-Antoine avoit été reçu Pénitent Blanc, doit faire bien peu d'impreſſion, puiſque Louis Calas ayant inſiſté qu'on repréſentât le Regiſtre; il fut payé d'une defaite, & on fut dans l'impuiſſance de vérifier le fait.

leurs Miniſtres, des Pſeaumes, quelque Chapitre de l'Evangile : qu'il mangeoit gras les Vendredis & Samedis, & qu'il rentroit & s'enfermoit dans la boutique quand le St. Sacrement paſſoit : les voiſins ont été témoins de ceci, ils ſont en état d'en dépoſer.

Ajoutons à tout cela trois ou quatre remarques.

1º. Il faut, ſuivant le Monitoire, pour pouvoir ſuppoſer le crime que M. A. Calas dût faire ſon abjuration & communier le lendemain 14 : Marc-Antoine Calas n'auroit fait autrement que ce qu'on ſuppoſe qu'il faiſoit depuis trois ou quatre ans fréquenter les Egliſes, aſſiſter aux Cérémonies de l'Egliſe ; & il eſt inconcevable qu'on l'eût fait périr pour ce ſujet, après l'avoir laiſſé vivre quatre ans : c'étoit au-contraire une raiſon d'être tranquile ſur ſa diſpoſition ; ayant fait cela pendant quatre ans, ſans qu'il eût abjuré : on devoit être perſuadé que c'étoit ſans conſéquence de ſa part ; auſſi les menaces qu'on a prétendu prouver, portant : Eh ! s'il change ou s'il ne change : il faut ſuppoſer par conſéquent qu'il dût abjurer, que le jour étoit pris, que la choſe alloit ſe conſommer : Or, exiſte t-il de cela la moindre preuve ? Car la Demoiſelle Pouchelon & le Sieur Gorſe ne parlent à cet égard que d'un oui-dire indéterminé, & la Lezac (e) & la Demoiſelle Dolmiere, ſont deux Témoins ſinguliers, dont la dépoſition eſt d'ailleurs convaincue de faux par des raiſons ſi ſenſibles.

2º il ne ſuffiroit pas que Marc-Antoine Calas eût dû abjurer ; il faudroit que ce deſſein eût été connu de ſes Parens ; mais ſuivant la dépoſition de Catherine Dolmiere, Marc-Antoine Calas lui auroit dit la veille que ſes parens n'étoient pas inſtruits de cela :

(e) C'eſt la prétendue nourrice.

fi on le fçavoit, je ferois, &c. (f). Oppofera-t-on que la chofe pouvoit être fçue de fes parens, & lui ignorer qu'ils le fçûffent ? Un père qui fe croit dans la bonne voie, n'auroit pas parlé à fon fils, s'il eût cru qu'il fongeât à changer ? il n'auroit pas tâché de l'arrêter fur le panchant & de ramener fon efprit ? Cela eft inconcevable : il faudroit donc tenir que les parens de Marc-Antoine Calas ne fçavoient rien à cet égard : de-là que Marc-Antoine Calas ignoroit le 12 qu'ils le fçûffent ; dira-t-on que cela pût leur être connu dans l'intervale du 12 au 13 ? Eh quoi ! il n'auroit fallu donc qu'un inftant pour réfoudre l'efprit d'un père, d'une mère, d'un frère à un crime auffi abominable ?

3°. Marc-Antoine Calas trouve fi important, felon Catherine Dolmiere, qu'il fut ignoré par fa famille qu'il fe faifoit Catholique, qu'il lui dit ; fi on le fçavoit, je ferois &c. & il aura invité la Lezat à venir manger la foupe chez fon père, fans même lui recommander le fecret, en même-temps qu'il lui difoit qu'il fe faifoit de fa Religion ? cela prouve bien le faux de la dépofition de cette femme.

Mauvais Traitemens.

On fe rappelle la dépofition du Peintre Mathei, que fa femme lui adit, que la Mandrille lui avoit dit que dans une maifon où elle achetoit de la mouffeline (g),

---

(f) Joignez que Pierre Calas avoit affuré, fuivant Cazeres, dans le mois d'Août, que Marc-Antoine Calas & fon autre frère penfoient comme lui, c'eft-à-dire, qu'ils étoient bons Proteftans.

(g) Cette circonftance avoit échappé ci-deffus ; elle fournit, comme on verra, un moyen particulier.

the Dll^e. qui n'étoit pas la Marchande, *dit* qu'elle avoit entendu, le même soir de la mort de Marc-Antoine Calas, que son père lui disoit: si tu ne changes point, je t'étranglerai; que Marc-Antoine Calas crioit: Mon père, que vous ai-je fait! laissez-moi la vie!

On ne sçait pas si ce discours du Peintre Mathei a été saisi bien juste; si c'est au même moment que la Demoiselle prétendue a entendu Marc-Antoine Calas, criant; mon père, laissez-moi la vie! & le père disant; si tu ne changes je t'étranglerai, cela se rapporte à l'action; ainsi cela est étranger à l'objet des menaces & mauvais traitemens: Si c'est dans une époque différente qu'elle a entendu le père disant ces mots, alors, sa déposition s'applique en cet endroit: mais il n'y a qu'à rappeller ce qui a été dit plus haut contre cette déposition: 1°. que c'est un oui - dire: 2°. Oui-dire, d'un oui-dire, d'autre oui - dire: 3°. Que l'épouse du Sieur Mathei, non-plus que la Mandrille, n'ayant point été assignées pour déposer, du-moins n'ayant pas été confrontées, il s'ensuit que l'une & l'autre doivent avoir désavoué les discours qu'on leur fait tenir: 4°. Que de cela que la Demoiselle prétendue ne s'est pas présentée sur le Monitoire, elle est convaincue d'être calomniatrice ou Chrétienne infidele, & par conséquent d'être une méchante femme: 5°. Si ce discours avoit été tenu réellement dans une boutique, comment les gens de cette boutique ne seroient-ils pas venus pour le déposer? Rien donc de plus méprisable à tous égards que cette déposition du Peintre Mathei. Voilà pourtant tout ce qui a rapport dans la nouvelle Procédure, au fait des mauvais traitemens: Cet objet n'a donc rien acquis non - plus dans cette nouvelle Procédure.

Il faut ajouter un mot touchant les deux Témoins, Bergerot & l'Associée de la Dandule, qui en ont parlé dans la précédente; puisque les parens de Marc-

F

Antoine Calas auroient ignoré la veille, suivant la Dolmiere, qu'il dût se convertir : il n'est donc pas vrai que ce fut pour cause de la Religion que lui auroient été faits, plusieurs jours auparavant, les traitemens, dont il est parlé par cette Associée & par Bergerot.

Les Exposans ont bien sçu remarquer dans leurs confrontemens, que Marc-Antoine Calas ne se seroit pas laissé maltraiter pour le dessein de changer de Religion; il avoit, ont-ils dit, de l'étude & de l'esprit : il avoit d'ailleurs l'exemple de Louis, son frère; il auroit eu recours aux mêmes Puissances de cette Ville, il se seroit fait assurer un sort hors de la maison.

Concernant Louis Calas.

Une malheureuse Couturiere (i) du quartier des Pénitens Blancs a prétendu dans la précedente Procédure, que Louis Calas lui avoit rapporté, que quand il s'étoit converti, son pere l'avoit tenu enfermé quinze jours dans une cave. La Demoiselle Marsalenc suppose qu'elle a oui dire la même chose, même pis, & ne nomme personne. (k)

Cela a été détruit par un Témoin de la même Procédure. Mais voilà que deux Témoins de la nouvelle, le Sieur Gleizes & l'Apprentif du Sr. Magneau le réfutent avec bien plus d'éclat, d'après des récits de la Fille de service.

Suivant le Sieur Gleizes, la Servante étant dans la boutique du Sieur Cazes dit qu'elle avoit tenu la main à Louis Calas quand il se convertit, de peur qu'on se fâchât. 1°. Concluez de-là qu'elle ne s'est pas prêtée assurément pour immoler Marc - Antoine

(i) Page 78 & 80 du Mémoire.
(k) Elle doit être rendue témoin.

en haine, comme on le suppose, de ce qu'il se seroit converti. Mais on a vu que si cette Fille de service est innocente, il s'ensuit qu'aucun n'est coupable. 2°. Il résulte encore de-là que cette fille parvint, en tenant la main à Louis Calas, à ce qu'on ne se fâchât pas; c'est-à-dire, qu'elle parvint à dérober à ses parens la connoissance de sa conversion : il n'est donc pas vrai qu'il ait été enfermé dans une cave à cette occasion ? (*l*)

Cela se fortifie par la déposition de l'Apprentif. La même Fille de service rapportoit, dit - il, dans la boutique du Sieur Magneau, que Louis Calas avoit laissé tomber de la poche un Placet qui décéloit sa future conversion ; qu'un de ses freres l'ayant trouvé, Louis Calas sortit de suite de la maison, & la quitta totalement. Dans quel temps placer donc l'histoire de la cave & des pieds nuds ?

Ce jeune Garçon prétend, il est vrai, que la Servante ajouta, que la famille étoit si fâchée, qu'ils cherchoient par-tout Louis Calas, & qu'ils le tueroient, peut-être, s'ils le trouvoient. C'est un Témoin singulier : ce seroit un simple oui-dire. Au fonds une ancienne domestique, servant depuis trente ans dans la maison, auroit-elle ainsi deshonoré ses maîtres ? Une Chrétienne si zélée qui confessoit toutes les semaines, qui approchoit deux fois des saints Mysteres, auroit-elle prononcé un discours aussi atroce contre son prochain ? & quel prochain ? contre ses maîtres. Auroit-elle été assez imprudente pour les exposer à une perte certaine ? Car n'en doutons point, si elle avoit tenu ce propos, & qu'il se fût répandu.

(*l*) Il n'est pas nécessaire de faire remarquer sans cela ce que c'est un oui dire, même un oui dire d'oui dire à un fils dont les propos ne pourroient pas être employés pour faire périr son père.

E ij

un peuple en fureur les auroit déchirés. Comment d'autre part de tous ceux qui devoient être dans la boutique, ce difcours n'a-t-il été entendu que de cet Apprentif ? Enfin il n'étoit pas néceffaire de chercher Louis Calas, puifqu'on fe plaignoit de ce qu'il affe-étoit de paffer devant la maifon : & on le cherchoit fi peu, qu'on lui fit dire de ne pas y paffer.

Il a été dit que les Officiers de l'Hôtel de Ville avoient conduit dans la maifon des Expofans le trifte & funef-te Exécuteur des vengeances de la Juftice humaine ; qu'ils lui avoient fait vérifier les lieux pour prendre fa décifion & fes avis. La chofe étoit trop incroyable pour être crue ; auffi n'en eft il pas fait mention dans le Mémoire des Expofans : & en vain quelques per-fonnes le répétent, on n'eft pas plus difpofé à le croi-re. Lorfque le Préfident du Confiftoire auroit donné cet ordre, fa langue fe feroit glacée dans fa bouche, la plume feroit tombée de la main du Greffier, & la nouvelle fe répandant au dehors, le peuple auroit fui épouvanté. Quand les Anciens rencontroient fur leurs pas cet odieux Miniftre, ils alloient fe laver dans une onde pure ; ils fe croyoient fouillés par cette vue. S'ils avoient un deffein dans l'efprit, ils n'avoient garde de le pourfuivre ; le préfage étoit trop finiftre. Et des Magiftrats, dans la Nation la plus civilifée, auroient introduit ce funefte Miniftre dans leur Sanctuaire ; ils l'auroient affocié à leurs opérations ; ils lui auroient dit, éclairez-nous dans le Jugement que nous allons rendre ? Ah ! ne croyons pas que des Magiftrats nos concitoyens & nos amis, aient été capables de cette erreur.

Que n'eft-il auffi-bien permis de douter que les Proteftans ont été accufés d'avoir délibéré, arrêté, ordonné dans une affemblée la mort de Marc-Antoine Calas ! Mais cela ne fe peut, après que le Monitoire qui le porte a été publié fi formellement : non que les

Expofans cenfurent ni les Juges qui ont rendu l'Ordonnance, ni l'Officier qui l'a requife : ils avoient fans
doute un Dénonciateur, il doit être figné fur leurs
Regiftres. Mais ce Dénonciateur, quel qu'il foit, mérite d'être confacré à la honte & à l'exécration dans
les annales du genre humain. Malheureux ! il a ca-
lomnié une partie de la Nation : il a voulu caufer à
la France tous les maux que l'infame Oatés (m) caufa
à l'Angleterre.

Queſtion des Indices.

Dans une caufe fi grande, fi élevée qui doit fe décider par le cœur, par les fentimens d'une Phi-
lofophie noble, & par un intérêt d'Etat, on a
de la peine d'abbaiffer les efprits jufqu'à de froides
difcuffions d'Auteurs : il le faut cependant, car feroit-
il permis de rien omettre ? Et il eft digne de l'équité
fublime de la Cour de ne pas dédaigner ce travail ob-
fcur.

1°. Suivant tous les Auteurs, les indices ne font que
des *conjectures* & des préfomptions. L'un dit formellement, " les indices font des conjectures. „ (o) Celui-là définit l'un par l'autre la conjecture & l'indice (p). D'Argentré les appelle une préfomption ou
propenfion de l'ame produite par des fignes & des
circonftances. (q)

(m) Calomniateur infigne qui fuppofa une confpiration
des Catholiques d'Angleterre fur la fin du dernier fiecle,
& fit couler leur plus pur fang fur les échaffauds.
(o) Ferriere, dans fon Dictionnaire, *in verbo*, Indices.
(p) Danti, de la preuve par témoins, pag. 175.
[q] Sur l'article 41 de la Coutume de Bretagne, *in
verbo par préfomption*, No. 5.

2°. Selon eux encore rien de plus dangereux, rien de plus trompeur que cette manière de preuves; *possunt fallere*, dit Mornac (r) : *atque adeò in multis fallit*, dit d'Argentré; (s) le mot de Denifar " ce font " des preuves manifestes de la fausseté des indices, " est rapporté pag. 95 du Mémoire précédent.

D'Argentré multiplie, avec une forte de follicitude, les exemples & les cas, pour inculquer cette fauffeté & ce danger. Il semble que son amour pour l'ordre & sa tendresse pour les hommes, qui se déclarent en tant d'endroits de ses Ouvrages, aient animé sa plume d'un nouveau feu. " Un Roi de Rome (t), dit-il, " fait remplir d'armes de toute espèce la maison d'un " Citoyen qu'il vouloit perdre ; fur ces armes trou- " vées dans sa maison, l'infortuné Romain est déclaré " coupable de conspiration contre l'Etat, & il périt ; " il étoit innocent. La coupe trouvée dans le sac de " l'Enfant chéri de Jacob, sembloit bien le convaincre " sans réplique. Un des Princes Grecs, devant Troye, " en accuse un autre, son ennemi, d'avoir traité avec " les Troyens pour leur livrer l'armée ; un trésor lui " a été promis pour récompense ; l'argent est enterré " en tel endroit, avec une inscription ; on se trans- " porte au lieu marqué, le trésor paroit bien-tôt au " jour avec l'inscription ; il se trouve même des té- " moins, & le sage Palamede est condamné. Si, " continue - t - il, la chaste Lucrece s'étoit percée " dans son lit, c'étoit beau jeu pour croire que ses " jours avoient été tranchés par son infame raviffeur. " L'affranchi de Caton retire du sein de son Maître le " fer dont il s'étoit percé : un autre rend le même ser- " vice à Brutus, un autre à Caffius, un autre à Né-

(r) Sur la Loi 6, *C. de Dolo.*
(s) D'Argentré, *eodem*, N.
(t) Tarquin le Superbe.

„ ron : surprenez-les dans cette action , & condam-
„ nez-les ; car quels indices plus manifestes ? le maître
„ expirant , son affranchi à ses côtés retirant le fer de
„ son corps sanglant. Vous aurez condamné des inno-
„ cens. „

3°. Ainsi les indices ne sont que des conjectures ,
& par cette raison rien de plus trompeur. Quoi ! sur
des *conjectures* & sur des objets *trompeurs* , juger de
la vie des hommes ! de l'homme , le seul être sur la
terre qui réfléchit sur son existance ; l'homme , l'ima-
ge de Dieu , pour lequel Dieu est mort , à qui Dieu
destine le Ciel , que Dieu a appellé son frere ; l'homme le Pontife de la nature ; l'homme enfin à qui
l'Ecriture communique le saint & rédoutable nom de
Dieu , *vos Dei estis* ! Ah ! laissons ce destin à ces
insectes qui rampent sur la terre ; eux seuls peuvent
être ainsi traités sans conséquence. Quoi ! est-il question de reclamer en général les privileges de l'homme ? Ah ! parlons le langage de la Cause : Quoi ! sur
des conjectures, sur des objets trompeurs , juger
qu'un pere , une mere , un frere , une ancienne domestique , un ami arrêté fortuitement à souper , ont
conspiré de la maniere la plus barbare contre un fils,
un frere , un maître & un ami !

4°. On l'avoit déja dit ; en vertu de ce danger &
de la fausseté des indices, quels combats entre les Auteurs , lorsqu'il s'agit de décider s'il est permis d'y
avoir égard ? Exposons les monumens de cette qué-
relle honorable pour le cœur humain.

"Pour la matière civile, dit d'Argentré, (*u*)
„ aucun Jurisconsulte ne doute de juger sur des indi-

(*u*) *Nec dubitant Jurisconsulti, civili quidem in ma-
teria , ex indubitatis indiciis sententiam ferre : at vero
in Capitalibus , ubi de salute hominum agitur , magna
dubitatio est , nec nunc contrarias sententias vacat ex-
pedire.*

„ ces, s'ils font indubitables : mais cela fe peut - il
„ dans les affaires criminelles , & lorfqu'il eft queſtion
„ de la vie & de l'honneur des hommes ? C'eſt le plus
„ grand des doutes ; & les opinions fe combattent com-
„ me les flots d'une mer orageuſe, *magna eſt dubi-*
„ *tatio.*

Voulez-vous bien connoître cette diverfité de fentimens ? il n'y a qu'à lire Julius-Clarus & ſes citations
fans fin (x). Eſt-il permis de condamner en matière
criminelle , en vertu d'indices même indubitables ?
Les uns s'y oppofent, dit-il, purement & fimplement :
d'autres le permettent, mais feulement dans les gen-
res de crimes qui n'entraînent qu'une peine pécu-
niaire. Et fi d'autres le permettent à l'égard de toute
forte de crimes, ils fe partagent enfuite à l'infini,
pour ſçavoir jufqu'à quel point & jufqu'à quelle me-
fure la peine peut être portée.

Toute cette difpute auroit bien - tôt ceffé, fi ces
Docteurs avoient vêcu fous l'autorité de cet admirable Capitulaire qui éclaire l'horifon de la France,
pour la tranquillité de fes peuples & la fureté de fes
habitans : ou fi cette Loi admirable leur avoit été connue : aucune autre ne l'abrogea jamais, les Monarques
qui nous gouvernent ont trop de fageffe & de lumières pour abroger une Loi fi fage & fi précieufe à la
fois à l'humanité. Cela feul doit fixer les avis dans nos
Tribunaux.

Mais fans être éclairés par cette lumière, les efprits
judicieux de toutes les nations , ceux fur - tout qui
avoient perfectionné la fpéculation par la Pratique ,
avoient bien-tôt pris parti. Un Ancien nous rapporte (y) que les Docteurs d'Italie , affemblés à Bou-

(x) Prat. crimin. liv. 5 , &. fin. q. 20, n. 5.
(y) *Albericus*, qu'un de nos Auteurs appelle , *fummæ*
autoritatis vir & magnus Praticus , Track Malef. tit.
de præf. & judic. indub. q. 1.

logne ;

logne , conclurent unanimement qu'aucun ne pouvoit être condamné *ex judiciis etiam indubitatis*. Le
Juge , dit un autre (z) , ne peut pas condamner sur
des indices ; mais , dit , pag. 666 , l'Auteur du Traité de la preuve par comparaison d'Ecritures, " n'y a-
,, t-il pas des indices si pressans qu'ils sont capables
de former une conviction ? Il y a ,, répond-il , deux
sortes de certitudes : certitude *physique* , c'est celle
qui dépend des sens ; telle est celle des Témoins qui
ont vu le crime. Certitude *morale* , c'est celle qui dépend du raisonnement ; telle est celle qui n'est fondée
que sur des indices. La conviction ou certitude morale suffit en matière civile ; parce que les objets de
droit sont de la dépendance de la morale : elle n'est
pas suffisante en une question capitale ; parce que les
faits ne sont pas du ressort de la morale , mais de la
pure connoissance de la physique. Il ajoute , p. 664 ,
que les indices , même indubitables , ne sont point
une espece de preuve pleine & parfaite dans cette
matiere : la Loi , dit-il , page suivante , ne reçoit
en matiere criminelle que les indices indubitables ,
mais ces indices même indubitables , elle ne les reçoit pas comme preuve parfaite,& entiere , mais comme preuve imparfaite. C'est donc , s'oppose-t-il , un
grand avantage à un Coupable de commettre le crime
si secretement qu'on n'en voit rien ? Oui sans doute ,
dit-il , pag. 672 : & je réponds que jamais la diffi-
culté de prouver un crime , n'a dispensé d'en faire la
preuve , ni donné aux Juges le pouvoir de le condamner sans une parfaite conviction. Et les hommes
doivent conclure de-là seulement que Dieu a évoqué
à soi la connoissance de cette affaire.

D'autres dont l'avis revient au même, distinguent
ou ces indices sont approuvés par une Loi , *indicia
juris* ; par exemple , si quelqu'un ayant été renvoyé
d'une accusation d'adultere , epousoit ensuite la fem-

(z) Ferriere , en son Dictionnaire , *in verbo* , Indices.

G

me devenue veuve, un Empereur ordonna que cela
fût pris pour un témoignage certain du crime
(*b*). En vertu d'un autre Loi, (*) l'adultère se pré-
sume, de ce que la femme a été trouvée en un même lit avec un homme. Les Loix & les Canons ont
fixé diverses autres présomptions pour des especes par-
ticulieres ; c'est le seul cas, disent ces Auteurs, où
des indices peuvent fonder une condamnation en matiere criminelle, parce qu'une Loi expresse leur a donné force pour cela ; mais cela ne se peut jamais, en
vertu des présomptions non autorisées par quelque Loi,
en vertu de ce qu'on appelle simples présomptions de
l'homme (*c*) : Les plus rigoureux enfin exigent même
pour la torture, qu'il concoure au moins, avec les indices, un Témoin de *visu* (*d*).

S'il pouvoit jamais s'établir qu'on pût être condamné sur des indices, tous les liens de la Société sont
dissous, il faudroit fuir & s'en retirer. En effet avec de
la vertu je puis me répondre que je ne commettrai
point de crime, avec de l'humanité & des mœurs je
n'aurai point d'ennemis ; ainsi je ne craindrai pas
qu'il s'éleve contre moi des faux Témoins, mais quelle sureté contre les indices ? Le hasard des circonstances les dispose, & le meilleur Citoyen, l'homme

(*b*) L. 34, C. *de adult*.

(*) Cap. 12, ext. de præs.

(*c*) L'Auteur des Additions sur Julius - Clarus, Q.
20, N. 14, *si judicia sunt approbata à Lege ad condemnationem faciendam*, & N. 9, *indicia indubitata
sunt ea quæ à Lege approbata sunt & vult per ea fieri
condemnationem*, & N. 10, *quis non potest condemnari
ex præsumptionibus hominis sed Legis*. L'Auteur des
Notes sur le même Auteur, Q. 20, Let. C, *etiam AD
TORTURAM, talia debent esse judicia quæ de jure
subsistant & à Lege approbentur non aliter*, Balde, sur
la Loi 15, C. de jur. dot. N. 3, *judicium quod movet
judicis animum est sufficiens si à Jure approbatum sit*.

(*d*) Lacombe des matieres Crimin. p. 520, Barth. sur
la Loi 1, ç. 4, ff. de quæst. N. 3.

le plus vertueux peut périr, sans avoir pu le prévoir
ni l'éviter : Imaginez la penible condition de ce Con-
vive d'un Tiran, sur la tête duquel pendoit une épée
suspendue à un fil délié ; telle seroit la condition
des hommes.

Une raison particuliere à cette cause ne permet point
d'avoir égard aux indices contre les Exposans, s'il en
étoit aucun : On a d'un côté négligé de comprendre
dans les Verbaux de descente un détail plein & entier, dont les circonstances auroient pu les justifier ;
de l'autre une Plainte, un Monitoire, dirigés contre eux
limitativement, ont détourné tous ceux qui auroient
pu parler à leur avantage ; ils n'auroient pas été écou-
tés ; ils ne pouvoient pas l'être. Par l'un & l'autre de
ces procédés les Exposans ont été privés des témoignages & des indices qui auroient pu éclore en leur
faveur : & je serai accablé par des indices, lorsque
j'ai été privé par des procédés irréguliers, d'avoir
des preuves ou des indices contraires qui auroient pu
détruire ceux qui me sont opposés ? Car il n'est pas
douteux au reste que des indices sont détruits par des
indices contraires (e).

Dans l'endroit de Dargentré qui vient d'être cité,
il déclare sur-tout qu'il n'est point d'indices qui ne se
dissipent par les raisons toutes puissantes du sang &
de l'affinité, & souvant par les simples considérations
de l'âge & de la probité ; *sanguine, affinitate, æta-*
te, probitatis, opinione eruuntur. Cela se rencontre
bien ici : le sang & l'affinité ! un père, une mère,
un frere : l'âge ! Le jeune Lavaysse, si bien né : la
probité ! un ancienne Domestique Catholique, si zélée
& si pieuse, qui recevoit son Dieu deux fois la semai-

(e) Mornac, *sur la Loi 6, C, de dolo : si indicia ul-*
tro citroque colluctantur.

Dargentré, *ubi suprà, N. 12, comparanda inter se*
indicia comparandæ conjecturæ, quæ ipsæ aliis atque
aliis erui effringi & labefactari possunt cùm sunt in sta-
tera docti & cordati judicis.

ne, & qui avoit communié trois jours avant l'action.

On ne peut pas mieux finir sur ce point que par l'exhortation touchante que Dargentré, Magistrat lui même, adressoit à tous les Magistrats (f): quelle prudence, leur disoit-il; quelle attention ne faut-il pas avoir de peur que nous ne prenions pour nécessaire, ce qui n'est que probable; pour certain, ce qui ne l'est pas; pour évident, ce qui n'est qu'un doute? car si les choses en sont à ce point, que le fait ait pu arriver de deux manieres, encore que l'une soit plus croyable, plus vraisemblable, même plus conforme à ce qui arrive le plus souvent, sçachez que vous ne pouvez pas condamner en cette occasion; il faut pour cela que la chose n'ait pas pu arriver autrement.

Faits justificatifs.

Les Exposans ajoutent de nouveaux faits: le premier, que Marc-Antoine Calas assista le mois de Mai dernier à l'enterrement de Jean Lacapelle, Protestant, Praticien au Palais; l'inhumation se fit le 6 dans le Jardin du Sieur Glacié, en conséquence d'une Ordonnance de l'Hôtel-de-Ville: Le second, qu'à la fin du mois de Juin dernier, Me. Beaux, jeune Avocat, qui venoit de prêter le serment, ayant demandé à Marc-Antoine Calas, *s'il n'en faisoit pas autant*; Marc-Antoine Calas répondit (ce sont les termes): je regarde la chose comme impossible; étant de la Ville, par conséquent trop connu, & ne

(f) *Hæc eo pertinent ut intelligatur cum de capite hominis quæritur....... Magna cautione & acuta meditatione expendendam indiciarum fidem, ne temerè quæ dumtaxat probabilia sunt, pro necessariis accipiamus & incerta pro certis dubia pro compertis: incerta sunt quæ hoc vel illo modo potuerunt accidere, tametsi illud frequentiùs, atque adeò magis credibiliter.... ergò .....facto inerse oportet ut aliter accidere aut non potuerit, aut vix potuerit.*

voulant pas faire des Actes de Catholicité, j'y ai renoncé ; qu'il ajouta qu'il étoit allé demander un Certificat au Curé de Saint Etienne , que lui ayant été refusé, il n'y étoit plus revenu, Me. Beaux a fourni sa déclaration de ce fait en réponse à un Acte qui lui a été adressé.

Deux des faits justificatifs qui sont proposés dans le Mémoire, demeurent justifiés aussi par pieces.

Les Exposans ont dit que Marc - Antoine Calas avoit passé les Fêtes de Noël, 1760, chez le Sieur Veaute au Lieu de Brassac ; le fait est justifié par un attestatoire des Curé, Juge, Consuls & principaux habitans de Brassac.

Ils ont dit que Marc-Antoine Calas avoit assisté à une Assemblée Protestante du côté de Mazamet, au mois de Septembre, 1758, qu'il y avoit présenté un enfant à Baptême : le fait est justifié par une Sommaire à prise de quatre Témoins, qui a été reçue par le Juge de Mazamet, & pays de l'Hautpoulois.

Les deux premiers rapportent avoir ouï - dire que Marc-Antoine Calas étoit à Mazamet en Septembre 1758 ; le troisieme l'y a vu ; & la derniere, actuellement Catholique, & qui étoit Protestante en Septembre 1758, ajoute qu'elle étoit de l'Assemblée, que l'enfant qui fut présenté au Baptême étoit du Sieur Mathieu Loubie & Demoiselle Marie Calas ; le second parle de ce même Baptême sur un ouï - dire : Une Lettre de Marc-Antoine Calas à Demoiselle Calas de Baux du 5 Février 1759, établit enfin le fait de cet enfant tenu à Baptême : Marc-Antoine « re- » mercie par cette Lettre des nouvelles qu'on lui a » données de son filleul, il fait ses complimens à sa » chere cousine , mère de l'enfant » ; il envoie de la toile à petits bouquets mouchés , pour lui faire un surtout.

Quelqu'un disoit dans le public que les faits justificatifs des Exposans ne seroient pas reçus : Pourquoi ?

parce qu'ils ne seroient prouvés que par des Protestans. Un Catholique prévénu ne pourroit donc pas
employer des Catholiques pour sa justification ?
«Mais c'est un intérêt de Religion, les Exposans sont
»accusés d'avoir délinqué par un zèle emporté pour
»leur Religion». Un Catholique, qui seroit accusé
d'avoir commis un crime par un zèle inconsidéré, ne
pourroit donc pas produire des Témoins Catholiques ?
On lui répondroit ; il y a un intérêt de Religion:
«Les Protestans, insiste-t-on, sont liés, s'appuyent, se
»soutiennent avec tant d'ardeur» : Ah ! ce mot a-
t-il pu échapper ? Vous vous desheritès, vous aban-
donnés à l'Hérésie la plus belle des vertus, la Charité.

Laissons ce vain propos ; la Cour se dira que nul
n'est exclu de la fonction de Témoin, que ceux à qui
quelque Loi l'interdit (g).

Rien n'est d'ailleurs plus frivole ; le premier de
faits ci-dessus sera prouvé par des Catholiques, de
jeunes Praticiens, amis du Praticien défunt, que l'ami-
tié porta à assister à son enterrement, & les Porteur
qui portèrent le Cadavre ; le second, si l'Acte qui a
été annoncé ne paroissoit pas assez authentique, seroit
attesté avec serment par le jeune Avocat, qui eut la conversation dont s'agit avec Marc-Antoine Calas, &
qui est Catholique, puisqu'il a été reçu au serment
d'Avocat.

Pour les faits contenus au Mémoire ; la première
partie du N. 3, s'est passée vis-à-vis d'une Demoiselle Catholique & connue.

La Demoiselle Bou & ses Garçons, qui déposeront
des faits, N°. 4, sont bien connus pour Catholiques.

Le voyage de Noël chez le Sieur Vaute, en 1760,
qui est déja prouvé, le sera encore, s'il le faut ; &
des Témoins Catholiques, un Avocat & Juge, & un
Procureur en la Cour, son fils, tous deux d'une Religion exemplaire, diront que Marc-Antoine Calas

_____

(g) L. 1, ff. de Test. Rebuff. de Rep. Test.

étoit encore dans ce Pays le 2 Janvier, qu'il paſſa cette journée du 2 chez le pere, à S. Amans, que le fils, qui eſt le Procureur, en porta des ſouvelles aux Expoſans, & vint leur apprendre le jour qu'il ſeroit de retour.

La Sommaire à priſe ci-deſſus, apprend déja que l'Aſſemblée Proteſtante de Mazamet, l'aſſiſtance de Marc-Antoine Calas à cette Aſſemblée, & le fait de l'enfant tenu à Baptême, ſont connus par des Catholiques.

Des Porteurs Catholiques dépoſeront auſſi de l'enterrement de Juillet.

Enfin le fait de la retractation de la d'Anduſe; de la retraite de Louis Calas & de ſes ſejours, ſera prouvé auſſi par des Catholiques: Ceux chez qui il alla ſe placer.

Pendant que je travaillois ce ſecond Ecrit, une main inconnue s'occupoit auſſi à défendre les Expoſans: Généreux Inconnu! vous avez ſouhaité que vos feuilles me fuſſent communiquées; avec quelle joie je me ſuis vu effacer, votre pénétration s'élever au-deſſus de mes efforts; & qu'après avoir tant travaillé à connoître tout, vous connoiſſiez iufiniment plus que moi: Il eſt donc encore des hommes! depuis ce moment la Terre eſt embelie à mes yeux: Pour prix de ma tendre ſollicitude pour mes infortunés Cliens, puiſſai-je, homme ſi digne de l'être (car quel plus beau titre vous donner) puiſſai-je vous connoître un jour, pour vous offrir ma tendre eſtime, ma vénération, & pour baiſer la main bienfaiſante qui eſt venu à notre ſecours.

Une remarque avoit échappé: Lorſque l'Arrêt de la Cour a été rendu, l'accuſation n'étoit pas en état, le Monitoire n'étoit pas fulminé; un Appel comme d'Abus qui étoit interjetté n'avoit pas été vuidé. On ne peut donc pas ſuppoſer que la Cour ait jugé ni entendu juger cette accuſation, non en état d'être

jugée ; ni par conféquent qu'elle ait rien préjugé fur
cette accufation. La Cour auroit-elle préjugé quelque chofe fur l'accufation, tandis qu'elle refervoit cet
Appel comme d'abus, dont l'événement pouvoit détruire la Procédure prefque en entier ?

Il s'enfuit de-là que la continuation d'inquifition qui
a été ordonnée par cet Arrêt, n'a eu & ne peut avoir
eu d'autre objet que de donner le temps de faire mettre
en regle le Procès & de donner le temps pour cela.

Il a été dit page 3 & 4 : 1°. Que par le droit les
interlocutoires ne lient pas les Juges, v. la Loi 9, (h)
C. de fent. & int. jud. & la Loi 14, ff. de re j. d.
Perefius fur le Code, L. 7, Tit. 43, N. 33 ; M.
Cujas fur le même titre ; Mr. Maynard, L. 7. Chap.
17, & Mr. Dolive, Liv. 1, Chap. 25. 2°. Que la
raifon en eft prife de ce que le Juge demeure libre,
tant que fon Office n'eft pas confommée, *quia pergat
effe judex*, V. Peres, au Lieu cité, l'Auteur des
Pandectes rédigées, Lib. 42, tit. 1, art. 5, N. 23,
& tous les Auteurs : 4°. Qu'il n'y a point de fin de
non-recevoir contre l'innocence ; V. Lacombe de matieres criminelles, pag. 3, chap. 24, N. 9.

Mᵉ. SUDRE, Avocat.

*Je n'aime point à trouver les hommes coupables au-
delà des bornes de la nature, & j'ai autant de plaifir
quand je puis le juftifier, que j'en aurois à fauver un
malheureux des mains d'une multitude déterminée à les
faire périr* : page 14 de l'Hiftoire de la vie du Pape
Alexandre VI, qui eft à la fin du fecond Volume de
l'Hiftoire du Droit public, Ecclefiaftique Français.

(h) Cette Loi dit, *nec caufam ullam interlocutiones
plerumque rem perimunt* : M. Cujas dit, interprétant cela, *quod ait plerumque an ideo fignificat interlocuto-
riam fententiam aliquando rem perimere ? Minime verò
quia nulla interlocutio hoc per fe efficit nulla per fe rem
perimit fed per accidens* ; par exemple, ajoute-t-il, fi
la partie fe déterminoit en conféquence à finir & à payer ;
M. Cujas développe bien en cet endroit cette maxime
de droit. *AVEC PERMISSION.*

www.ingramcontent.com/pod-product-compliance
Lightning Source LLC
LaVergne TN
LVHW022036080426
835513LV00009B/1088